ROMENO

VOCABULÁRIO

PORTUGUÊS BRASILEIRO

PORTUGUÊS ROMENO

Para alargar o seu léxico e apurar as suas competências linguísticas

5000 palavras

Vocabulário Português Brasileiro-Romeno - 5000 palavras

Por Andrey Taranov

Os vocabulários da T&P Books destinam-se a ajudar a aprender, a memorizar, e a rever palavras estrangeiras. O dicionário é dividido em temas, cobrindo todas as principais esferas de atividades quotidianas, negócios, ciência, cultura, etc.

O processo de aprendizagem, utilizando os dicionários baseados em temáticas da T&P Books dá-lhe as seguintes vantagens:

- Informação de origem corretamente agrupada predetermina o sucesso em fases subsequentes da memorização de palavras
- Disponibilização de palavras derivadas da mesma raiz, o que permite a memorização de unidades de texto (em vez de palavras separadas)
- Pequenas unidades de palavras facilitam o processo de estabelecimento de vínculos associativos necessários para a consolidação do vocabulário
- O nível de conhecimento da língua pode ser estimado pelo número de palavras aprendidas

T&P Books Publishing
www.tpbooks.com

ISBN: 978-1-78767-385-4

Este livro também está disponível em formato E-book.
Por favor visite www.tpbooks.com ou as principais livrarias on-line.

VOCABULÁRIO ROMENO
palavras mais úteis

Os vocabulários da T&P Books destinam-se a ajudar a aprender, a memorizar, e a rever palavras estrangeiras. O vocabulário contém mais de 5000 palavras de uso comum organizadas tematicamente.

O vocabulário contém as palavras mais comummente usadas
Recomendado como adicional para qualquer curso de línguas
Satisfaz as necessidades dos iniciados e dos alunos avançados de línguas estrangeiras
Conveniente para o uso diário, sessões de revisão e atividades de auto-teste
Permite avaliar o seu vocabulário

Características especias do vocabulário

- As palavras estão organizadas de acordo com o seu significado, e não por ordem alfabética
- As palavras são apresentadas em três colunas para facilitar os processos de revisão e auto-teste
- As palavras compostas são divididas em pequenos blocos para facilitar o processo de aprendizagem
- O vocabulário oferece uma transcrição simples e adequada de cada palavra estrangeira

O vocabulário contém 155 tópicos incluindo:

Conceitos básicos, Números, Cores, Meses, Estações do ano, Unidades de medida, Roupas & Acessórios, Alimentos & Nutrição, Restaurante, Membros da Família, Parentes, Caráter, Sentimentos, Emoções, Doenças, Cidade, Passeios, Compras, Dinheiro, Casa, Lar, Escritório, Trabalho no Escritório, Importação & Exportação, Marketing, Pesquisa de Emprego, Esportes, Educação, Computador, Internet, Ferramentas, Natureza, Países, Nacionalidades e muito mais ...

TABELA DE CONTEÚDOS

GUIA DE PRONUNCIAÇÃO

Alfabeto fonético T&P	Exemplo Romeno	Exemplo Português
[a]	arbust [ar'bust]	chamar
[e]	a merge [a 'merdʒe]	metal
[ə]	brăţară [brə'tsare]	O xevá, som vocálico neutro
[i]	impozit [im'pozit]	sinônimo
[ɨ]	cuvânt [ku'vint]	sinônimo
[o]	avocat [avo'kat]	lobo
[u]	fluture ['fluture]	bonita
[b]	bancă ['bankə]	barril
[d]	durabil [du'rabil]	dentista
[dʒ]	gemeni ['dʒemenⁱ]	adjetivo
[f]	frizer [fri'zer]	safári
[g]	gladiolă [gladi'ole]	gosto
[ʒ]	jucător [ʒuke'tor]	talvez
[h]	pahar [pa'har]	[h] aspirada
[k]	actor [ak'tor]	aquilo
[l]	clopot ['klopot]	libra
[m]	mobilă ['mobile]	magnólia
[n]	nuntă ['nunte]	natureza
[p]	profet [pro'fet]	presente
[r]	roată [ro'ate]	riscar
[s]	salată [sa'late]	sanita
[ʃ]	cleştişor [kleʃti'ʃor]	mês
[t]	statuie [sta'tue]	tulipa
[ts]	forţă ['fortse]	tsé-tsé
[tʃ]	optzeci [opt'zetʃi]	Tchau!
[v]	valiză [va'lize]	fava
[z]	zmeură ['zmeure]	sésamo
[j]	foios [fo'jos]	Vietnã
[ⁱ]	zori [zorⁱ]	sinal de palatalização

9

ABREVIATURAS
usadas no vocabulário

Abreviaturas do Português

adj	-	adjetivo
adv	-	advérbio
anim.	-	animado
conj.	-	conjunção
desp.	-	esporte
etc.	-	Etcetera
ex.	-	por exemplo
f	-	nome feminino
f pl	-	feminino plural
fem.	-	feminino
inanim.	-	inanimado
m	-	nome masculino
m pl	-	masculino plural
m, f	-	masculino, feminino
masc.	-	masculino
mat.	-	matemática
mil.	-	militar
pl	-	plural
prep.	-	preposição
pron.	-	pronome
sb.	-	sobre
sing.	-	singular
v aux	-	verbo auxiliar
vi	-	verbo intransitivo
vi, vt	-	verbo intransitivo, transitivo
vr	-	verbo reflexivo
vt	-	verbo transitivo

Abreviaturas do Romeno

f	-	nome feminino
f pl	-	feminino plural
m	-	nome masculino
m pl	-	masculino plural
n	-	neutro
n pl	-	neutro plural
pl	-	plural

CONCEITOS BÁSICOS

Conceitos básicos. Parte 1

1. Pronomes

eu	eu	[eu]
você	tu	[tu]
ele	el	[el]
ela	ea	['a]
nós	noi	[noj]
vocês	voi	['voj]
eles	ei	['ej]
elas	ele	['ele]

2. Cumprimentos. Saudações. Despedidas

Oi!	Bună ziua!	['bunə 'ziwa]
Olá!	Bună ziua!	['bunə 'ziwa]
Bom dia!	Bună dimineața!	['bunə dimi'n'atsa]
Boa tarde!	Bună ziua!	['bunə 'ziwa]
Boa noite!	Bună seara!	['bunə 's'ara]
cumprimentar (vt)	a se saluta	[a se salu'ta]
Oi!	Salut!	[sa'lut]
saudação (f)	salut (n)	[sa'lut]
saudar (vt)	a saluta	[a salu'ta]
Tudo bem?	Ce mai faci?	[tʃie maj 'fatʃi]
E aí, novidades?	Ce mai e nou?	[tʃe maj e 'nou]
Tchau! Até logo!	La revedere!	[la reve'dere]
Até breve!	Pe curând!	[pe ku'rɨnd]
Adeus! (sing.)	Rămâi cu bine!	[rə'mɨj ku 'bine]
Adeus! (pl)	Rămâneți cu bine!	[rəmɨ'nets ku 'bine]
despedir-se (dizer adeus)	a-și lua rămas bun	[aʃ lu'a rə'mas bun]
Até mais!	Pa!	[pa]
Obrigado! -a!	Mulțumesc!	[multsu'mesk]
Muito obrigado! -a!	Mulțumesc mult!	[multsu'mesk mult]
De nada	Cu plăcere	[ku plə'tʃere]
Não tem de quê	Pentru puțin	['pentru pu'tsin]
Não foi nada!	Pentru puțin	['pentru pu'tsin]
Desculpa!	Scuză-mă!	['skuzəmə]
Desculpe!	Scuzați-mă!	[sku'zatsimə]

desculpar (vt)	a scuza	[a sku'za]
desculpar-se (vr)	a cere scuze	[a 'ʧere 'skuze]
Me desculpe	Cer scuze	[ʧer 'skuze]
Desculpe!	Lertați-mă!	[er'taʦimə]
perdoar (vt)	a ierta	[a er'ta]
por favor	vă rog	[və rog]

Não se esqueça!	Nu uitați!	[nu uj'taʦʲ]
Com certeza!	Desigur!	[de'sigur]
Claro que não!	Desigur ca nu!	[de'sigur kə nu]
Está bem! De acordo!	Sunt de acord!	[sunt de a'kord]
Chega!	Ajunge!	[a'ʒundʒe]

3. Como se dirigir a alguém

senhor	Domnule	['domnule]
senhora	Doamnă	[do'amnə]
senhorita	Domnişoară	[domniʃo'arə]
jovem	Tinere	['tinere]
menino	Băiatule	[bə'jatule]
menina	Fetițo	[fe'tiʦo]

4. Números cardinais. Parte 1

zero	zero	['zero]
um	unu	['unu]
dois	doi	[doj]
três	trei	[trej]
quatro	patru	['patru]

cinco	cinci	[ʧinʧ]
seis	şase	['ʃase]
sete	şapte	['ʃapte]
oito	opt	[opt]
nove	nouă	['nowə]

dez	zece	['zeʧe]
onze	unsprezece	['unsprezeʧe]
doze	doisprezece	['dojsprezeʧe]
treze	treisprezece	['trejsprezeʧe]
catorze	paisprezece	['pajsprezeʧe]

quinze	cincisprezece	['ʧinʧsprezeʧe]
dezesseis	şaisprezece	['ʃajsprezeʧe]
dezessete	şaptesprezece	['ʃaptesprezeʧe]
dezoito	optsprezece	['optsprezeʧe]
dezenove	nouăsprezece	['nowəsprezeʧe]

vinte	douăzeci	[dowə'zeʧʲ]
vinte e um	douăzeci şi unu	[dowə'zeʧʲ ʃi 'unu]
vinte e dois	douăzeci şi doi	[dowə'zeʧʲ ʃi doj]
vinte e três	douăzeci şi trei	[dowə'zeʧʲ ʃi trej]

trinta	treizeci	[trej'zetʃi]
trinta e um	treizeci şi unu	[trej'zetʃi ʃi 'unu]
trinta e dois	treizeci şi doi	[trej'zetʃi ʃi doj]
trinta e três	treizeci şi trei	[trej'zetʃi ʃi trej]
quarenta	patruzeci	[patru'zetʃi]
quarenta e um	patruzeci şi unu	[patru'zetʃi ʃi 'unu]
quarenta e dois	patruzeci şi doi	[patru'zetʃi ʃi doj]
quarenta e três	patruzeci şi trei	[patru'zetʃi ʃi trej]
cinquenta	cincizeci	[tʃintʃ'zetʃ]
cinquenta e um	cincizeci şi unu	[tʃintʃ'zetʃ ʃi 'unu]
cinquenta e dois	cincizeci şi doi	[tʃintʃ'zetʃ ʃi doj]
cinquenta e três	cincizeci şi trei	[tʃintʃ'zetʃ ʃi trej]
sessenta	şaizeci	[ʃaj'zetʃi]
sessenta e um	şaizeci şi unu	[ʃaj'zetʃi ʃi 'unu]
sessenta e dois	şaizeci şi doi	[ʃaj'zetʃi ʃi doj]
sessenta e três	şaizeci şi trei	[ʃaj'zetʃi ʃi trej]
setenta	şaptezeci	[ʃapte'zetʃi]
setenta e um	şaptezeci şi unu	[ʃapte'zetʃi ʃi 'unu]
setenta e dois	şaptezeci şi doi	[ʃapte'zetʃi ʃi doj]
setenta e três	şaptezeci şi trei	[ʃapte'zetʃi ʃi trej]
oitenta	optzeci	[opt'zetʃi]
oitenta e um	optzeci şi unu	[opt'zetʃi ʃi 'unu]
oitenta e dois	optzeci şi doi	[opt'zetʃi ʃi doj]
oitenta e três	optzeci şi trei	[opt'zetʃi ʃi trej]
noventa	nouăzeci	[nowə'zetʃi]
noventa e um	nouăzeci şi unu	[nowə'zetʃi ʃi 'unu]
noventa e dois	nouăzeci şi doi	[nowə'zetʃi ʃi doj]
noventa e três	nouăzeci şi trei	[nowə'zetʃi ʃi trej]

5. Números cardinais. Parte 2

cem	o sută	[o 'sutə]
duzentos	două sute	['dowə 'sute]
trezentos	trei sute	[trej 'sute]
quatrocentos	patru sute	['patru 'sute]
quinhentos	cinci sute	[tʃintʃ 'sute]
seiscentos	şase sute	['ʃase 'sute]
setecentos	şapte sute	['ʃapte 'sute]
oitocentos	opt sute	[opt 'sute]
novecentos	nouă sute	['nowə 'sute]
mil	o mie	[o 'mie]
dois mil	două mii	['dowə mij]
três mil	trei mii	[trej mij]
dez mil	zece mii	['zetʃe mij]
cem mil	o sută de mii	[o 'sutə de mij]
um milhão	milion (n)	[mi'ljon]
um bilhão	miliard (n)	[mi'ljard]

6. Números ordinais

primeiro (adj)	primul	['primul]
segundo (adj)	al doilea	[al 'dojlʲa]
terceiro (adj)	al treilea	[al 'trejlʲa]
quarto (adj)	al patrulea	[al 'patrulʲa]
quinto (adj)	al cincilea	[al 'ʧinʧilʲa]
sexto (adj)	al şaselea	[al 'ʃaselʲa]
sétimo (adj)	al şaptelea	[al 'ʃaptelʲa]
oitavo (adj)	al optulea	[al 'optulʲa]
nono (adj)	al nouălea	[al 'nowəlʲa]
décimo (adj)	al zecelea	[al 'zeʧelʲa]

7. Números. Frações

fração (f)	fracţie (f)	['frakʦie]
um meio	o doime	[o 'doime]
um terço	o treime	[o 'treime]
um quarto	o pătrime	[o pə'trime]
um oitavo	o optime	[o op'time]
um décimo	o zecime	[o ze'ʧime]
dois terços	două treimi	['dowə 'treimʲ]
três quartos	trei pătrimi	[trej pə'trimʲ]

8. Números. Operações básicas

subtração (f)	scădere (f)	[skə'dere]
subtrair (vi, vt)	a scădea	[a skə'dʲa]
divisão (f)	împărţire (f)	[impər'ʦire]
dividir (vt)	a împărţi	[a impər'ʦi]
adição (f)	adunare (f)	[adu'nare]
somar (vt)	a aduna	[a adu'na]
adicionar (vt)	a adăuga	[a adəu'ga]
multiplicação (f)	înmulţire (f)	[inmul'ʦire]
multiplicar (vt)	a înmulţi	[a inmul'ʦi]

9. Números. Diversos

algarismo, dígito (m)	cifră (f)	['ʧifrə]
número (m)	număr (n)	['numər]
numeral (m)	numeral (n)	[nume'ral]
menos (m)	minus (n)	['minus]
mais (m)	plus (n)	[plus]
fórmula (f)	formulă (f)	[for'mulə]
cálculo (m)	calcul (n)	['kalkul]
contar (vt)	a calcula	[a kalku'la]

| calcular (vt) | a socoti | [a soko'ti] |
| comparar (vt) | a compara | [a kompa'ra] |

Quanto?	Cât?	[kit]
Quantos? -as?	Câţi? Câte?	[kits], ['kite]
soma (f)	sumă (f)	['sumə]
resultado (m)	rezultat (n)	[rezul'tat]
resto (m)	rest (n)	[rest]

alguns, algumas ...	câţiva, câteva	[kits'va], [kite'va]
pouco (~ tempo)	puţin	[pu'tsin]
resto (m)	rest (n)	[rest]
um e meio	unu şi jumătate	['unu ʃi ʒumə'tate]
dúzia (f)	duzină (f)	[du'zinə]

ao meio	în două	[in 'dowə]
em partes iguais	în părţi egale	[in pərtsʲ e'gale]
metade (f)	jumătate (f)	[ʒumə'tate]
vez (f)	dată (f)	['datə]

10. Os verbos mais importantes. Parte 1

abrir (vt)	a deschide	[a des'kide]
acabar, terminar (vt)	a termina	[a termi'na]
aconselhar (vt)	a sfătui	[a sfətu'i]
adivinhar (vt)	a ghici	[a gi'tʃi]
advertir (vt)	a avertiza	[a averti'za]

ajudar (vt)	a ajuta	[a aʒu'ta]
almoçar (vi)	a lua prânzul	[a lu'a 'prinzul]
alugar (~ um apartamento)	a închiria	[a inkiri'ja]
amar (pessoa)	a iubi	[a ju'bi]
ameaçar (vt)	a ameninţa	[a amenin'tsa]

anotar (escrever)	a nota	[a no'ta]
apressar-se (vr)	a se grăbi	[a se grə'bi]
arrepender-se (vr)	a regreta	[a regre'ta]
assinar (vt)	a semna	[a sem'na]
brincar (vi)	a glumi	[a glu'mi]

brincar, jogar (vi, vt)	a juca	[a ʒu'ka]
buscar (vt)	a căuta	[a kəu'ta]
caçar (vi)	a vâna	[a vi'na]
cair (vi)	a cădea	[a kə'dʲa]
cavar (vt)	a săpa	[a sə'pa]
chamar (~ por socorro)	a chema	[a ke'ma]

chegar (vi)	a sosi	[a so'si]
chorar (vi)	a plânge	[a 'plindʒe]
começar (vt)	a începe	[a in'tʃepe]
comparar (vt)	a compara	[a kompa'ra]
concordar (dizer "sim")	a fi de acord	[a fi de a'kord]
confiar (vt)	a avea încredere	[a a'vʲa in'kredere]
confundir (equivocar-se)	a încurca	[a inkur'ka]

15

conhecer (vt)	a cunoaşte	[a kuno'aʃte]
contar (fazer contas)	a calcula	[a kalku'la]
contar com ...	a conta pe ...	[a kon'ta pe]
continuar (vt)	a continua	[a kontinu'a]

controlar (vt)	a controla	[a kontro'la]
convidar (vt)	a invita	[a invi'ta]
correr (vi)	a alerga	[a aler'ga]
criar (vt)	a crea	[a 'krɪa]
custar (vt)	a costa	[a kos'ta]

11. Os verbos mais importantes. Parte 2

dar (vt)	a da	[a da]
dar uma dica	a face aluzie	[a 'fatʃe a'luzie]
decorar (enfeitar)	a împodobi	[a impodo'bi]
defender (vt)	a apăra	[a apə'ra]
deixar cair (vt)	a scăpa	[a skə'pa]

descer (para baixo)	a coborî	[a kobo'ri]
desculpar-se (vr)	a cere scuze	[a 'tʃere 'skuze]
dirigir (~ uma empresa)	a conduce	[a kon'dutʃe]
discutir (notícias, etc.)	a discuta	[a disku'ta]

disparar, atirar (vi)	a trage	[a 'tradʒə]
dizer (vt)	a spune	[a 'spune]
duvidar (vt)	a se îndoi	[a se indo'i]
encontrar (achar)	a găsi	[a gə'si]
enganar (vt)	a minţi	[a min'tsi]

entender (vt)	a înţelege	[a intse'ledʒe]
entrar (na sala, etc.)	a intra	[a in'tra]
enviar (uma carta)	a trimite	[a tri'mite]
errar (enganar-se)	a greşi	[a gre'ʃi]
escolher (vt)	a alege	[a a'ledʒe]

esconder (vt)	a ascunde	[a as'kunde]
escrever (vt)	a scrie	[a 'skrie]
esperar (aguardar)	a aştepta	[a aʃtep'ta]
esperar (ter esperança)	a spera	[a spe'ra]
esquecer (vt)	a uita	[a uj'ta]

estudar (vt)	a studia	[a studi'a]
exigir (vt)	a cere	[a 'tʃere]
existir (vi)	a exista	[a ekzis'ta]
explicar (vt)	a explica	[a ekspli'ka]

falar (vi)	a vorbi	[a vor'bi]
faltar (a la escuela, etc.)	a lipsi	[a lip'si]
fazer (vt)	a face	[a 'fatʃe]
ficar em silêncio	a tăcea	[a tə'tʃa]
gabar-se (vr)	a se lăuda	[a se ləu'da]
gostar (apreciar)	a plăcea	[a plə'tʃa]
gritar (vi)	a striga	[a stri'ga]

guardar (fotos, etc.)	a păstra	[a pəs'tra]
informar (vt)	a informa	[a infor'ma]
insistir (vi)	a insista	[a insis'ta]

insultar (vt)	a jigni	[a ʒig'ni]
interessar-se (vr)	a se interesa	[a se intere'sa]
ir (a pé)	a merge	[a 'merdʒe]
ir nadar	a se scălda	[a se skəl'da]
jantar (vi)	a cina	[a ʧi'na]

12. Os verbos mais importantes. Parte 3

ler (vt)	a citi	[a ʧi'ti]
libertar, liberar (vt)	a elibera	[a elibe'ra]
matar (vt)	a omorî	[a omo'ri]
mencionar (vt)	a menţiona	[a mentsio'na]
mostrar (vt)	a arăta	[a are'ta]

mudar (modificar)	a schimba	[a skim'ba]
nadar (vi)	a înota	[a ino'ta]
negar-se a ... (vr)	a refuza	[a refu'za]
objetar (vt)	a contrazice	[a kontra'ziʧe]

observar (vt)	a observa	[a obser'va]
ordenar (mil.)	a ordona	[a ordo'na]
ouvir (vt)	a auzi	[a au'zi]
pagar (vt)	a plăti	[a plə'ti]
parar (vi)	a se opri	[a se o'pri]

parar, cessar (vt)	a înceta	[a anʧe'ta]
participar (vi)	a participa	[a partiʧi'pa]
pedir (comida, etc.)	a comanda	[a koman'da]
pedir (um favor, etc.)	a cere	[a 'ʧere]
pegar (tomar)	a lua	[a lu'a]

pegar (uma bola)	a prinde	[a 'prinde]
pensar (vi, vt)	a se gândi	[a se gin'di]
perceber (ver)	a observa	[a obser'va]
perdoar (vt)	a ierta	[a er'ta]
perguntar (vt)	a întreba	[a intre'ba] *

permitir (vt)	a permite	[a per'mite]
pertencer a ... (vi)	a aparţine	[a apar'tsine]
planejar (vt)	a planifica	[a planifi'ka]
poder (~ fazer algo)	a putea	[a pu'tʲa]
possuir (uma casa, etc.)	a poseda	[a pose'da]

preferir (vt)	a prefera	[a prefe'ra]
preparar (vt)	a găti	[a gə'ti]
prever (vt)	a prevedea	[a preve'dʲa]
prometer (vt)	a promite	[a pro'mite]
pronunciar (vt)	a pronunţa	[a pronun'tsa]
propor (vt)	a propune	[a pro'pune]
punir (castigar)	a pedepsi	[a pedep'si]

17

quebrar (vt)	a rupe	[a 'rupe]
queixar-se de ...	a se plânge	[a se 'plindʒe]
querer (desejar)	a vrea	[a vrʲa]

13. Os verbos mais importantes. Parte 4

ralhar, repreender (vt)	a certa	[a tʃer'ta]
recomendar (vt)	a recomanda	[a rekoman'da]
repetir (dizer outra vez)	a repeta	[a repe'ta]
reservar (~ um quarto)	a rezerva	[a rezer'va]
responder (vt)	a răspunde	[a rəs'punde]

rezar, orar (vi)	a se ruga	[a se ru'ga]
rir (vi)	a râde	[a 'ride]
roubar (vt)	a fura	[a fu'ra]
saber (vt)	a şti	[a ʃti]
sair (~ de casa)	a ieşi	[a e'ʃi]

salvar (resgatar)	a salva	[a sal'va]
seguir (~ alguém)	a urma	[a ur'ma]
sentar-se (vr)	a se aşeza	[a se aʃe'za]
ser necessário	a fi necesar	[a fi netʃe'sar]

ser, estar	a fi	[a fi]
significar (vt)	a însemna	[a insem'na]
sorrir (vi)	a zâmbi	[a zim'bi]
subestimar (vt)	a subaprecia	[a subapretʃi'a]
surpreender-se (vr)	a se mira	[a se mi'ra]

tentar (~ fazer)	a încerca	[a intʃer'ka]
ter (vt)	a avea	[a a'vʲa]
ter fome	a fi foame	[a fi fo'ame]

ter medo	a se teme	[a se 'teme]
ter sede	a fi sete	[a fi 'sete]
tocar (com as mãos)	a atinge	[a a'tindʒe]
tomar café da manhã	a lua micul dejun	[a lu'a 'mikul de'ʒun]
trabalhar (vi)	a lucra	[a lu'kra]
traduzir (vt)	a traduce	[a tra'dutʃe]

unir (vt)	a uni	[a u'ni]
vender (vt)	a vinde	[a 'vinde]
ver (vt)	a vedea	[a ve'dʲa]
virar (~ para a direita)	a întoarce	[a into'artʃe]
voar (vi)	a zbura	[a zbu'ra]

14. Cores

cor (f)	culoare (f)	[kulo'are]
tom (m)	nuanţă (f)	[nu'antsə]
tonalidade (m)	ton (n)	[ton]
arco-íris (m)	curcubeu (n)	[kurku'beu]

branco (adj)	alb	[alb]
preto (adj)	negru	['negru]
cinza (adj)	sur	['sur]

verde (adj)	verde	['verde]
amarelo (adj)	galben	['galben]
vermelho (adj)	roşu	['roʃu]

azul (adj)	albastru închis	[al'bastru i'nkis]
azul claro (adj)	albastru deschis	[al'bastru des'kis]
rosa (adj)	roz	['roz]
laranja (adj)	portocaliu	[portoka'lju]
violeta (adj)	violet	[vio'let]
marrom (adj)	cafeniu	[kafe'nju]

dourado (adj)	de culoarea aurului	[de kulo'arɨa 'auruluj]
prateado (adj)	argintiu	[ardʒin'tju]

bege (adj)	bej	[beʒ]
creme (adj)	crem	[krem]
turquesa (adj)	turcoaz	[turko'az]
vermelho cereja (adj)	vişiniu	[viʃi'nju]
lilás (adj)	lila	[li'la]
carmim (adj)	de culoarea zmeurei	[de kulo'arɨa 'zmeurej]

claro (adj)	de culoare deschisă	[de kulo'are des'kisə]
escuro (adj)	de culoare închisă	[de kulo'are i'nkisə]
vivo (adj)	aprins	[a'prins]

de cor	colorat	[kolo'rat]
a cores	color	[ko'lor]
preto e branco (adj)	alb-negru	[alb 'negru]
unicolor (de uma só cor)	monocrom	[mono'krom]
multicolor (adj)	multicolor	[multiko'lor]

15. Questões

Quem?	Cine?	['tʃine]
O que?	Ce?	[tʃe]
Onde?	Unde?	['unde]
Para onde?	Unde?	['unde]
De onde?	De unde?	[de 'unde]
Quando?	Când?	[kind]
Para quê?	Pentru ce?	['pentru tʃe]
Por quê?	De ce?	[de tʃe]

Para quê?	Pentru ce?	['pentru tʃe]
Como?	Cum?	[kum]
Qual (~ é o problema?)	Care?	['kare]
Qual (~ deles?)	Care?	['kare]

A quem?	Cui?	[kuj]
De quem?	Despre cine?	['despre 'tʃine]
Do quê?	Despre ce?	['despre tʃe]

Com quem?	Cu cine?	[ku 'tʃine]
Quantos? -as?	Cât? Câtă?	[kit], ['kitə]
Quanto?	Câţi? Câte?	[kits], ['kite]
De quem? (masc.)	Al cui?	['al kuj]
De quem? (fem.)	A cui?	[a kuj]
De quem são ...?	Ai cui?, Ale cui?	[aj kuj], ['ale kuj]

16. Preposições

com (prep.)	cu	[ku]
sem (prep.)	fără	[fərə]
a, para (exprime lugar)	la	[la]
sobre (ex. falar ~)	despre	['despre]
antes de ...	înainte de	[ina'inte de]
em frente de ...	înaintea	[ina'intʲa]

debaixo de ...	sub	[sub]
sobre (em cima de)	deasupra	[dʲa'supra]
em ..., sobre ...	pe	[pe]
de, do (sou ~ Rio de Janeiro)	din	[din]
de (feito ~ pedra)	din	[din]

| em (~ 3 dias) | peste | ['peste] |
| por cima de ... | prin | [prin] |

17. Palavras funcionais. Advérbios. Parte 1

Onde?	Unde?	['unde]
aqui	aici	[a'itʃi]
lá, ali	acolo	[a'kolo]

| em algum lugar | undeva | [unde'va] |
| em lugar nenhum | nicăieri | [nikə'erʲ] |

| perto de ... | lângă ... | ['lingə] |
| perto da janela | lângă fereastră | ['lingə fe'rʲastrə] |

Para onde?	Unde?	['unde]
aqui	aici	[a'itʃi]
para lá	acolo	[a'kolo]
daqui	de aici	[de a'itʃi]
de lá, dali	de acolo	[de a'kolo]

| perto | aproape | [apro'ape] |
| longe | departe | [de'parte] |

perto de ...	alături	[a'ləturʲ]
à mão, perto	alături	[a'ləturʲ]
não fica longe	aproape	[apro'ape]

| esquerdo (adj) | stâng | [sting] |
| à esquerda | din stânga | [din 'stinga] |

para a esquerda	în stânga	[in 'stinga]
direito (adj)	drept	[drept]
à direita	din dreapta	[din 'driapta]
para a direita	în dreapta	[in 'driapta]

em frente	în față	[in 'fatsə]
da frente	din față	[din 'fatsə]
adiante (para a frente)	înainte	[ina'inte]

atrás de ...	în urmă	[in 'urmə]
de trás	din spate	[din 'spate]
para trás	înapoi	[ina'poj]

| meio (m), metade (f) | mijloc (n) | ['miʒlok] |
| no meio | la mijloc | [la 'miʒlok] |

do lado	dintr-o parte	['dintro 'parte]
em todo lugar	peste tot	['peste tot]
por todos os lados	în jur	[in ʒur]

de dentro	dinăuntru	[dinə'untru]
para algum lugar	undeva	[unde'va]
diretamente	direct	[di'rekt]
de volta	înapoi	[ina'poj]

| de algum lugar | de undeva | [de unde'va] |
| de algum lugar | de undeva | [de unde'va] |

em primeiro lugar	în primul rând	[in 'primul rind]
em segundo lugar	în al doilea rând	[in al 'dojlia rind]
em terceiro lugar	în al treilea rând	[in al 'trejlia rind]

de repente	deodată	[deo'datə]
no início	la început	[la intʃe'put]
pela primeira vez	prima dată	['prima datə]
muito antes de ...	cu mult timp înainte de ...	[ku mult timp ina'inte de]
de novo	din nou	[din 'nou]
para sempre	pentru totdeauna	['pentru totdia'una]

nunca	niciodată	[nitʃio'datə]
de novo	iarăşi	['jarəʃ]
agora	acum	[a'kum]
frequentemente	des	[des]
então	atunci	[a'tuntʃi]
urgentemente	urgent	[ur'dʒent]
normalmente	de obicei	[de obi'tʃej]

a propósito, ...	apropo	[apro'po]
é possível	posibil	[po'sibil]
provavelmente	probabil	[pro'babil]
talvez	poate	[po'ate]
além disso, ...	în afară de aceasta, ...	[in a'farə de a'tʃasta]
por isso ...	de aceea	[de a'tʃeja]
apesar de ...	deşi ...	[de'ʃi]
graças a ...	datorită ...	[dato'ritə]
que (pron.)	ce	[tʃe]

que (conj.)	că	[kə]
algo	ceva	[ʧe'va]
alguma coisa	ceva	[ʧe'va]
nada	nimic	[ni'mik]

quem	cine	['ʧine]
alguém (~ que ...)	cineva	[ʧine'va]
alguém (com ~)	cineva	[ʧine'va]

ninguém	nimeni	['nimenⁱ]
para lugar nenhum	nicăieri	[nikə'erⁱ]
de ninguém	al nimănui	[al nimə'nuj]
de alguém	al cuiva	[al kuj'va]

tão	aşa	[a'ʃa]
também (gostaria ~ de ...)	de asemenea	[de a'semenⁱa]
também (~ eu)	la fel	[la fel]

18. Palavras funcionais. Advérbios. Parte 2

Por quê?	De ce?	[de ʧe]
por alguma razão	nu se ştie de ce	[nu se 'ʃtie de ʧe]
porque ...	pentru că ...	['pentru kə]
por qualquer razão	cine ştie pentru ce	['ʧine 'ʃtie 'pentru ʧe]

e (tu ~ eu)	şi	[ʃi]
ou (ser ~ não ser)	sau	['sau]
mas (porém)	dar	[dar]
para (~ a minha mãe)	pentru	['pentru]

muito, demais	prea	[prⁱa]
só, somente	numai	['numaj]
exatamente	exact	[e'gzakt]
cerca de (~ 10 kg)	vreo	['vrəo]

aproximadamente	aproximativ	[aproksima'tiv]
aproximado (adj)	aproximativ	[aproksima'tiv]
quase	aproape	[apro'ape]
resto (m)	restul	['restul]

cada (adj)	fiecare	[fie'kare]
qualquer (adj)	oricare	[ori'kare]
muito, muitos, muitas	mult	[mult]
muitas pessoas	mulţi	[mulʦ]
todos	toţi	[toʦ]

em troca de ...	în schimb la ...	[in 'skimb la]
em troca	în schimbul	[in 'skimbul]
à mão	manual	[manu'al]
pouco provável	puţin probabil	[pu'ʦin pro'babil]

provavelmente	probabil	[pro'babil]
de propósito	intenţionat	[intenʦio'nat]
por acidente	întâmplător	[intimplə'tor]

muito	foarte	[fo'arte]
por exemplo	de exemplu	[de e'gzemplu]
entre	între	['intre]
entre (no meio de)	printre	['printre]
tanto	atât	[a'tit]
especialmente	mai ales	[maj a'les]

Conceitos básicos. Parte 2

19. Dias da semana

segunda-feira (f)	luni (f)	[lunʲ]
terça-feira (f)	marţi (f)	['martsʲ]
quarta-feira (f)	miercuri (f)	['merkurʲ]
quinta-feira (f)	joi (f)	[ʒoj]
sexta-feira (f)	vineri (f)	['vinerʲ]
sábado (m)	sâmbătă (f)	['simbətə]
domingo (m)	duminică (f)	[du'minikə]
hoje	astăzi	['astəzʲ]
amanhã	mâine	['mɨjne]
depois de amanhã	poimâine	[poj'mine]
ontem	ieri	[jerʲ]
anteontem	alaltăieri	[a'laltəerʲ]
dia (m)	zi (f)	[zi]
dia (m) de trabalho	zi (f) de lucru	[zi de 'lukru]
feriado (m)	zi (f) de sărbătoare	[zi de sərbəto'are]
dia (m) de folga	zi (f) liberă	[zi 'liberə]
fim (m) de semana	zile (f pl) de odihnă	['zile de o'dihnə]
o dia todo	toată ziua	[to'atə 'ziwa]
no dia seguinte	a doua zi	['dowa zi]
há dois dias	cu două zile în urmă	[ku 'dowə 'zile ɨn 'urmə]
na véspera	în ajun	[ɨn a'ʒun]
diário (adj)	zilnic	['zilnik]
todos os dias	în fiecare zi	[ɨn fie'kare zi]
semana (f)	săptămână (f)	[səptə'mɨnə]
na semana passada	săptămâna trecută	[səptə'mɨna tre'kutə]
semana que vem	săptămâna viitoare	[səptə'mɨna viito'are]
semanal (adj)	săptămânal	[səptəmi'nal]
toda semana	în fiecare săptămână	[ɨn fie'kare səptə'mɨnə]
duas vezes por semana	de două ori pe săptămână	[de 'dowə orʲ pe səptə'mɨnə]
toda terça-feira	în fiecare marţi	[ɨn fie'kare 'martsʲ]

20. Horas. Dia e noite

manhã (f)	dimineaţă (f)	[dimi'nʲatsə]
de manhã	dimineaţa	[dimi'nʲatsa]
meio-dia (m)	amiază (f)	[a'mjazə]
à tarde	după masă	['dupə 'masə]
tardinha (f)	seară (f)	['sʲarə]
à tardinha	seara	['sʲara]

noite (f)	noapte (f)	[no'apte]
à noite	noaptea	[no'apt'a]
meia-noite (f)	miezul (n) nopții	['mezul 'nopʦij]

segundo (m)	secundă (f)	[se'kundə]
minuto (m)	minut (n)	[mi'nut]
hora (f)	oră (f)	['orə]
meia hora (f)	jumătate de oră	[ʒumə'tate de 'orə]
quarto (m) de hora	un sfert de oră	[un sfert de 'orə]
quinze minutos	cincisprezece minute	['ʧinʧsprezeʧe mi'nute]
vinte e quatro horas	o zi (f)	[o zi]

nascer (m) do sol	răsărit (n)	[rəsə'rit]
amanhecer (m)	zori (m pl)	[zor']
madrugada (f)	zori (m pl) de zi	[zor' de zi]
pôr-do-sol (m)	apus (n)	[a'pus]

de madrugada	dimineața devreme	[dimi'n'aʦa de'vreme]
esta manhã	azi dimineață	[az' dimi'n'aʦə]
amanhã de manhã	mâine dimineață	['mijne dimi'n'aʦə]

esta tarde	această după-amiază	[a'ʧastə 'dupa ami'azə]
à tarde	după masă	['dupə 'masə]
amanhã à tarde	mâine după-masă	['mijne 'dupə 'masə]

| esta noite, hoje à noite | astă-seară | ['astə 's'arə] |
| amanhã à noite | mâine seară | ['mijne 's'arə] |

às três horas em ponto	la ora trei fix	[la 'ora trej fiks]
por volta das quatro	în jur de ora patru	[in ʒur de 'ora 'patru]
às doze	pe la ora douăsprezece	[pe la 'ora 'dowəsprezeʧe]

em vinte minutos	peste douăzeci de minute	['peste dowə'zeʧi de mi'nute]
em uma hora	peste o oră	['peste o 'orə]
a tempo	la timp	[la timp]

... um quarto para	fără un sfert	['fərə un sfert]
dentro de uma hora	în decurs de o oră	[in de'kurs de o 'orə]
a cada quinze minutos	la fiecare cincisprezece minute	[la fie'kare 'ʧinʧsprezeʧe mi'nute]
as vinte e quatro horas	zi și noapte	[zi ʃi no'apte]

21. Meses. Estações

janeiro (m)	ianuarie (m)	[janu'arie]
fevereiro (m)	februarie (m)	[febru'arie]
março (m)	martie (m)	['martie]
abril (m)	aprilie (m)	[a'prilie]
maio (m)	mai (m)	[maj]
junho (m)	iunie (m)	['junie]

julho (m)	iulie (m)	['julie]
agosto (m)	august (m)	['august]
setembro (m)	septembrie (m)	[sep'tembrie]

outubro (m)	octombrie (m)	[ok'tombrie]
novembro (m)	noiembrie (m)	[no'embrie]
dezembro (m)	decembrie (m)	[de'ʧembrie]
primavera (f)	primăvară (f)	[primə'varə]
na primavera	primăvara	[primə'vara]
primaveril (adj)	de primăvară	[de primə'varə]
verão (m)	vară (f)	['varə]
no verão	vara	['vara]
de verão	de vară	[de 'varə]
outono (m)	toamnă (f)	[to'amnə]
no outono	toamna	[to'amna]
outonal (adj)	de toamnă	[de to'amnə]
inverno (m)	iarnă (f)	['jarnə]
no inverno	iarna	['jarna]
de inverno	de iarnă	[de 'jarnə]
mês (m)	lună (f)	['lunə]
este mês	în luna curentă	[in 'luna ku'rentə]
mês que vem	în luna următoare	[in 'luna urməto'are]
no mês passado	în luna trecută	[in 'luna tre'kutə]
um mês atrás	o lună în urmă	[o 'lunə in 'urmə]
em um mês	peste o lună	['peste o 'lunə]
em dois meses	peste două luni	['peste 'dowə lunʲ]
todo o mês	luna întreagă	['luna in'trʲagə]
um mês inteiro	o lună întreagă	[o 'lunə in'trʲagə]
mensal (adj)	lunar	[lu'nar]
mensalmente	în fiecare lună	[in fie'kare 'lunə]
todo mês	fiecare lună	[fie'kare 'lunə]
duas vezes por mês	de două ori pe lună	[de 'dowə orʲ pe 'lunə]
ano (m)	an (m)	[an]
este ano	anul acesta	['anul a'ʧesta]
ano que vem	anul viitor	['anul vii'tor]
no ano passado	anul trecut	['anul tre'kut]
há um ano	acum un an	[a'kum un an]
em um ano	peste un an	['peste un an]
dentro de dois anos	peste doi ani	['peste doj anʲ]
todo o ano	tot anul	[tot 'anul]
um ano inteiro	un an întreg	[un an in'treg]
cada ano	în fiecare an	[in fie'kare an]
anual (adj)	anual	[anu'al]
anualmente	în fiecare an	[in fie'kare an]
quatro vezes por ano	de patru ori pe an	[de 'patru orʲ pe an]
data (~ de hoje)	dată (f)	['datə]
data (ex. ~ de nascimento)	dată (f)	['datə]
calendário (m)	calendar (n)	[kalen'dar]
meio ano	jumătate (f) de an	[ʒumə'tate de an]

seis meses	jumătate (f) de an	[ʒumə'tate de an]
estação (f)	sezon (n)	[se'zon]
século (m)	veac (n)	[vʲak]

22. Unidades de medida

peso (m)	greutate (f)	[greu'tate]
comprimento (m)	lungime (f)	[lun'dʒime]
largura (f)	lățime (f)	[lə'tsime]
altura (f)	înălțime (f)	[inəl'tsime]
profundidade (f)	adâncime (f)	[adɨn'tʃime]
volume (m)	volum (n)	[vo'lum]
área (f)	suprafață (f)	[supra'fatsə]

grama (m)	gram (n)	[gram]
miligrama (m)	miligram (n)	[mili'gram]
quilograma (m)	kilogram (n)	[kilo'gram]
tonelada (f)	tonă (f)	['tonə]
libra (453,6 gramas)	funt (m)	[funt]
onça (f)	uncie (f)	['untʃie]

metro (m)	metru (m)	['metru]
milímetro (m)	milimetru (m)	[mili'metru]
centímetro (m)	centimetru (m)	[tʃenti'metru]
quilômetro (m)	kilometru (m)	[kilo'metru]
milha (f)	milă (f)	['milə]

polegada (f)	țol (m)	[tsol]
pé (304,74 mm)	picior (m)	[pi'tʃior]
jarda (914,383 mm)	yard (m)	[jard]

| metro (m) quadrado | metru (m) pătrat | ['metru pə'trat] |
| hectare (m) | hectar (n) | [hek'tar] |

litro (m)	litru (m)	['litru]
grau (m)	grad (n)	[grad]
volt (m)	volt (m)	[volt]
ampère (m)	amper (m)	[am'per]
cavalo (m) de potência	cal-putere (m)	[kal pu'tere]

quantidade (f)	cantitate (f)	[kanti'tate]
um pouco de ...	puțin ...	[pu'tsin]
metade (f)	jumătate (f)	[ʒume'tate]
dúzia (f)	duzină (f)	[du'zinə]
peça (f)	bucată (f)	[bu'katə]

| tamanho (m), dimensão (f) | dimensiune (f) | [dimensi'une] |
| escala (f) | proporție (f) | [pro'portsie] |

mínimo (adj)	minim	['minim]
menor, mais pequeno	cel mai mic	[tʃel maj mik]
médio (adj)	de, din mijloc	[de, din 'miʒlok]
máximo (adj)	maxim	['maksim]
maior, mais grande	cel mai mare	[tʃel maj 'mare]

23. Recipientes

pote (m) de vidro	borcan (n)	[bor'kan]
lata (~ de cerveja)	cutie (f)	[ku'tie]
balde (m)	găleată (f)	[gə'lʲatə]
barril (m)	butoi (n)	[bu'toj]

bacia (~ de plástico)	lighean (n)	[li'gʲan]
tanque (m)	rezervor (n)	[rezer'vor]
cantil (m) de bolso	damigeană (f)	[dami'dʒanə]
galão (m) de gasolina	canistră (f)	[ka'nistrə]
cisterna (f)	cisternă (f)	[ʧis'ternə]

caneca (f)	cană (f)	['kanə]
xícara (f)	ceaşcă (f)	['ʧaʃkə]
pires (m)	farfurioară (f)	[farfurio'arə]
copo (m)	pahar (n)	[pa'har]
taça (f) de vinho	cupă (f)	['kupə]
panela (f)	cratiţă (f)	['kratiʦə]

garrafa (f)	sticlă (f)	['stiklə]
gargalo (m)	gâtul (n) sticlei	['gitul 'stiklej]

jarra (f)	garafă (f)	[ga'rafə]
jarro (m)	ulcior (n)	[ul'ʧior]
recipiente (m)	vas (n)	[vas]
pote (m)	oală (f)	[o'alə]
vaso (m)	vază (f)	['vazə]

frasco (~ de perfume)	flacon (n)	[fla'kon]
frasquinho (m)	sticluţă (f)	[sti'kluʦə]
tubo (m)	tub (n)	[tub]

saco (ex. ~ de açúcar)	sac (m)	[sak]
sacola (~ plastica)	pachet (n)	[pa'ket]
maço (de cigarros, etc.)	pachet (n)	[pa'ket]

caixa (~ de sapatos, etc.)	cutie (f)	[ku'tie]
caixote (~ de madeira)	ladă (f)	['ladə]
cesto (m)	coş (n)	[koʃ]

O SER HUMANO

O ser humano. O corpo

24. Cabeça

cabeça (f)	cap (n)	[kap]
rosto, cara (f)	faţă (f)	['faţsə]
nariz (m)	nas (n)	[nas]
boca (f)	gură (f)	['gurə]

olho (m)	ochi (m)	[okʲ]
olhos (m pl)	ochi (m pl)	[okʲ]
pupila (f)	pupilă (f)	[pu'pilə]
sobrancelha (f)	sprânceană (f)	[sprin'ʧanə]
cílio (f)	geană (f)	['ʤanə]
pálpebra (f)	pleoapă (f)	[pleo'apə]

língua (f)	limbă (f)	['limbə]
dente (m)	dinte (m)	['dinte]
lábios (m pl)	buze (f pl)	['buze]
maçãs (f pl) do rosto	pomeţi (m pl)	[po'metsʲ]
gengiva (f)	gingie (f)	[ʤin'ʤie]
palato (m)	palat (n)	[pa'lat]

narinas (f pl)	nări (f pl)	[nərʲ]
queixo (m)	bărbie (f)	[bər'bie]
mandíbula (f)	maxilar (n)	[maksi'lar]
bochecha (f)	obraz (m)	[o'braz]

testa (f)	frunte (f)	['frunte]
têmpora (f)	tâmplă (f)	['timplə]
orelha (f)	ureche (f)	[u'reke]
costas (f pl) da cabeça	ceafă (f)	['ʧafə]
pescoço (m)	gât (n)	[gɨt]
garganta (f)	gât (n)	[gɨt]

cabelo (m)	păr (m)	[pər]
penteado (m)	coafură (f)	[koa'furə]
corte (m) de cabelo	tunsoare (f)	[tunso'are]
peruca (f)	perucă (f)	[pe'rukə]

bigode (m)	mustăţi (f pl)	[mus'tətsʲ]
barba (f)	barbă (f)	['barbə]
ter (~ barba, etc.)	a purta	[a pur'ta]
trança (f)	cosiţă (f)	[ko'sitsə]
suíças (f pl)	favoriţi (m pl)	[favo'ritsʲ]
ruivo (adj)	roşcat	[roʃ'kat]
grisalho (adj)	cărunt	[kə'runt]

careca (adj)	chel	[kel]
calva (f)	chelie (f)	[ke'lie]

rabo-de-cavalo (m)	coadă (f)	[ko'adə]
franja (f)	breton (n)	[bre'ton]

25. Corpo humano

mão (f)	mână (f)	['minə]
braço (m)	braţ (n)	[brats]

dedo (m)	deget (n)	['dedʒet]
polegar (m)	degetul (n) mare	['dedʒetul 'mare]
dedo (m) mindinho	degetul (n) mic	['dedʒetul mik]
unha (f)	unghie (f)	['ungie]

punho (m)	pumn (m)	[pumn]
palma (f)	palmă (f)	['palmə]
pulso (m)	încheietura (f) mâinii	[inkeje'tura 'minij]
antebraço (m)	antebraţ (n)	[ante'brats]
cotovelo (m)	cot (n)	[kot]
ombro (m)	umăr (m)	['umər]

perna (f)	picior (n)	[pi'tʃior]
pé (m)	talpă (f)	['talpə]
joelho (m)	genunchi (n)	[dʒe'nunkⁱ]
panturrilha (f)	pulpă (f)	['pulpə]
quadril (m)	coapsă (f)	[ko'apsə]
calcanhar (m)	călcâi (n)	[kəl'kij]

corpo (m)	corp (n)	[korp]
barriga (f), ventre (m)	burtă (f)	['burtə]
peito (m)	piept (n)	[pjept]
seio (m)	sân (m)	[sin]
lado (m)	coastă (f)	[ko'astə]
costas (dorso)	spate (n)	['spate]
região (f) lombar	regiune (f) lombară	[redʒi'une lom'barə]
cintura (f)	talie (f)	['talie]

umbigo (m)	buric (n)	[bu'rik]
nádegas (f pl)	fese (f pl)	['fese]
traseiro (m)	şezut (n)	[ʃə'zut]

sinal (m), pinta (f)	aluniţă (f)	[alu'nitsə]
sinal (m) de nascença	semn (n) din naştere	[semn din 'naʃtere]
tatuagem (f)	tatuaj (n)	[tatu'aʒ]
cicatriz (f)	cicatrice (f)	[tʃika'tritʃe]

Vestuário & Acessórios

26. Roupa exterior. Casacos

roupa (f)	îmbrăcăminte (f)	[imbrəke'minte]
roupa (f) exterior	haină (f)	['hajnə]
roupa (f) de inverno	îmbrăcăminte (f) de iarnă	[imbrəke'minte de 'jarnə]
sobretudo (m)	palton (n)	[pal'ton]
casaco (m) de pele	şubă (f)	['ʃubə]
jaqueta (f) de pele	scurtă (f) îmblănită	['skurtə imblə'nitə]
casaco (m) acolchoado	scurtă (f) de puf	['skurtə de 'puf]
casaco (m), jaqueta (f)	scurtă (f)	['skurtə]
impermeável (m)	trenci (f)	[trentʃi]
a prova d'água	impermeabil (n)	[imperme'abil]

27. Vestuário de homem & mulher

camisa (f)	cămaşă (f)	[kə'maʃə]
calça (f)	pantaloni (m pl)	[panta'loni]
jeans (m)	blugi (m pl)	[bludʒi]
paletó, terno (m)	sacou (n)	[sa'kou]
terno (m)	costum (n)	[kos'tum]
vestido (ex. ~ de noiva)	rochie (f)	['rokie]
saia (f)	fustă (f)	['fustə]
blusa (f)	bluză (f)	['bluzə]
casaco (m) de malha	jachetă (f) tricotată	[ʒa'ketə triko'tatə]
casaco, blazer (m)	jachetă (f)	[ʒa'ketə]
camiseta (f)	tricou (n)	[tri'kou]
short (m)	şorturi (n pl)	['ʃorturi]
training (m)	costum (n) sportiv	[kos'tum spor'tiv]
roupão (m) de banho	halat (n)	[ha'lat]
pijama (m)	pijama (f)	[piʒa'ma]
suéter (m)	sveter (n)	['sveter]
pulôver (m)	pulover (n)	[pu'lover]
colete (m)	vestă (f)	['vestə]
fraque (m)	frac (n)	[frak]
smoking (m)	smoching (n)	['smoking]
uniforme (m)	uniformă (f)	[uni'formə]
roupa (f) de trabalho	haină (f) de lucru	['hajnə de 'lukru]
macacão (m)	salopetă (f)	[salo'petə]
jaleco (m), bata (f)	halat (n)	[ha'lat]

28. Vestuário. Roupa interior

roupa (f) íntima	lenjerie (f) de corp	[lenʒe'rie de 'korp]
camiseta (f)	maiou (n)	[ma'jou]
meias (f pl)	şosete (f pl)	[ʃo'sete]
camisola (f)	cămaşă (f) de noapte	[kə'maʃə de no'apte]
sutiã (m)	sutien (n)	[su'tjen]
meias longas (f pl)	ciorapi (m pl)	[tʃio'rapʲ]
meias-calças (f pl)	ciorapi pantalon (m pl)	[tʃio'rapʲ panta'lon]
meias (~ de nylon)	ciorapi (m pl)	[tʃio'rapʲ]
maiô (m)	costum (n) de baie	[kos'tum de 'bae]

29. Adereços de cabeça

chapéu (m), touca (f)	căciulă (f)	[kə'tʃiulə]
chapéu (m) de feltro	pălărie (f)	[pələ'rie]
boné (m) de beisebol	şapcă (f)	['ʃapkə]
boina (~ italiana)	chipiu (n)	[ki'pju]
boina (ex. ~ basca)	beretă (f)	[be'retə]
capuz (m)	glugă (f)	['glugə]
chapéu panamá (m)	panama (f)	[pana'ma]
touca (f)	căciulă (f) împletită	[kə'tʃiulə imple'titə]
lenço (m)	basma (f)	[bas'ma]
chapéu (m) feminino	pălărie (f) de damă	[pələ'rie de 'damə]
capacete (m) de proteção	cască (f)	['kaskə]
bibico (m)	bonetă (f)	[bo'netə]
capacete (m)	coif (n)	[kojf]
chapéu-coco (m)	pălărie (f)	[pələ'rie]
cartola (f)	joben (n)	[ʒo'ben]

30. Calçado

calçado (m)	încălţăminte (f)	[inkəltsə'minte]
botinas (f pl), sapatos (m pl)	ghete (f pl)	['gete]
sapatos (de salto alto, etc.)	pantofi (m pl)	[pan'tofʲ]
botas (f pl)	cizme (f pl)	['tʃizme]
pantufas (f pl)	şlapi (m pl)	[ʃlapʲ]
tênis (~ Nike, etc.)	adidaşi (m pl)	[a'didaʃ]
tênis (~ Converse)	tenişi (m pl)	['teniʃ]
sandálias (f pl)	sandale (f pl)	[san'dale]
sapateiro (m)	cizmar (m)	[tʃiz'mar]
salto (m)	toc (n)	[tok]
par (m)	pereche (f)	[pe'reke]
cadarço (m)	şiret (n)	[ʃi'ret]

amarrar os cadarços	a şnurui	[a ʃnuru'i]
calçadeira (f)	lingură (f) pentru pantofi	['lingurə 'pentru pan'tofʲ]
graxa (f) para calçado	cremă (f) de ghete	['kremə de 'gete]

31. Acessórios pessoais

luva (f)	mănuşi (f pl)	[mə'nuʃ]
mitenes (f pl)	mănuşi (f pl)	[mə'nuʃ]
	cu un singur deget	ku un 'singur 'dedʒet]
cachecol (m)	fular (m)	[fu'lar]

óculos (m pl)	ochelari (m pl)	[oke'larʲ]
armação (f)	ramă (f)	['ramə]
guarda-chuva (m)	umbrelă (f)	[um'brelə]
bengala (f)	baston (n)	[bas'ton]
escova (f) para o cabelo	perie (f) de păr	[pe'rie de pər]
leque (m)	evantai (n)	[evan'taj]

gravata (f)	cravată (f)	[kra'vatə]
gravata-borboleta (f)	papion (n)	[papi'on]
suspensórios (m pl)	bretele (f pl)	[bre'tele]
lenço (m)	batistă (f)	[ba'tistə]

pente (m)	pieptene (m)	['pjeptəne]
fivela (f) para cabelo	agrafă (f)	[a'grafə]
grampo (m)	ac (n) de păr	[ak de pər]
fivela (f)	cataramă (f)	[kata'ramə]

| cinto (m) | cordon (n) | [kor'don] |
| alça (f) de ombro | curea (f) | [ku'rʲa] |

bolsa (f)	geantă (f)	['dʒantə]
bolsa (feminina)	poşetă (f)	[po'ʃetə]
mochila (f)	rucsac (n)	[ruk'sak]

32. Vestuário. Diversos

moda (f)	modă (f)	['modə]
na moda (adj)	la modă	[la 'modə]
estilista (m)	modelier (n)	[mode'ljer]

colarinho (m)	guler (n)	['guler]
bolso (m)	buzunar (n)	[buzu'nar]
de bolso	de buzunar	[de buzu'nar]
manga (f)	mânecă (f)	['mɨnekə]
ganchinho (m)	gaică (f)	['gajkə]
bragueta (f)	şliţ (n)	[ʃlits]

zíper (m)	fermoar (n)	[fermo'ar]
colchete (m)	capsă (f)	['kapsə]
botão (m)	nasture (m)	['nasture]
botoeira (casa de botão)	butonieră (f)	[buto'njerə]

soltar-se (vr)	a se rupe	[a se 'rupe]
costurar (vi)	a coase	[a ko'ase]
bordar (vt)	a broda	[a bro'da]
bordado (m)	broderie (f)	[brode'rie]
agulha (f)	ac (n)	[ak]
fio, linha (f)	aţă (f)	['atsə]
costura (f)	cusătură (f)	[kusə'turə]

sujar-se (vr)	a se murdări	[a se murdə'ri]
mancha (f)	pată (f)	['patə]
amarrotar-se (vr)	a se şifona	[a se ʃifo'na]
rasgar (vt)	a rupe	[a 'rupe]
traça (f)	molie (f)	['molie]

33. Cuidados pessoais. Cosméticos

pasta (f) de dente	pastă (f) de dinţi	['pastə de dintsʲ]
escova (f) de dente	periuţă (f) de dinţi	[peri'utsə de dintsʲ]
escovar os dentes	a se spăla pe dinţi	[a se spə'la pe dintsʲ]

gilete (f)	brici (n)	['britʃi]
creme (m) de barbear	cremă (f) de bărbierit	['kremə de bərbie'rit]
barbear-se (vr)	a se bărbieri	[a se bərbie'ri]

sabonete (m)	săpun (n)	[sə'pun]
xampu (m)	şampon (n)	[ʃam'pon]

tesoura (f)	foarfece (n)	[fo'arfetʃe]
lixa (f) de unhas	pilă (f) de unghii	['pilə de 'ungij]
corta-unhas (m)	cleştişor (n)	[kleʃti'ʃor]
pinça (f)	pensetă (f)	[pen'setə]

cosméticos (m pl)	cosmetică (f)	[kos'metikə]
máscara (f)	mască (f)	['maskə]
manicure (f)	manichiură (f)	[mani'kjurə]
fazer as unhas	a face manichiura	[a 'fatʃe mani'kjura]
pedicure (f)	pedichiură (f)	[pedi'kjurə]

bolsa (f) de maquiagem	trusă (f) de cosmetică	['trusə de kos'metikə]
pó (de arroz)	pudră (f)	['pudrə]
pó (m) compacto	pudrieră (f)	[pudri'erə]
blush (m)	fard de obraz (n)	[fard de o'braz]

perfume (m)	parfum (n)	[par'fum]
água-de-colônia (f)	apă de toaletă (f)	['apə de toa'letə]
loção (f)	loţiune (f)	[lotsi'une]
colônia (f)	colonie (f)	[ko'lonie]

sombra (f) de olhos	fard (n) de pleoape	[fard 'pentru pleo'ape]
delineador (m)	creion (n) de ochi	[kre'jon 'pentru okʲ]
máscara (f), rímel (m)	rimel (n)	[ri'mel]

batom (m)	ruj (n)	[ruʒ]
esmalte (m)	ojă (f)	['oʒə]

| laquê (m), spray fixador (m) | gel (n) de păr | [ʤel de pər] |
| desodorante (m) | deodorant (n) | [deodo'rant] |

creme (m)	cremă (f)	['kremə]
creme (m) de rosto	cremă (f) de faţă	['kremə de 'fatsə]
creme (m) de mãos	cremă (f) pentru mâini	['kremə 'pentru minʲ]
creme (m) antirrugas	cremă (f) anti-rid	['kremə 'anti rid]
de dia	de zi	[de zi]
da noite	de noapte	[de no'apte]

absorvente (m) interno	tampon (n)	[tam'pon]
papel (m) higiênico	hârtie (f) igienică	[hir'tie iʤi'enikə]
secador (m) de cabelo	uscător (n) de păr	[uskə'tor de pər]

34. Relógios de pulso. Relógios

relógio (m) de pulso	ceas (n) de mână	[ʧas de 'minə]
mostrador (m)	cadran (n)	[ka'dran]
ponteiro (m)	acul (n) ceasornicului	['akul ʧasor'nikuluj]
bracelete (em aço)	brăţară (f)	[brə'tsarə]
bracelete (em couro)	curea (f)	[ku'rʲa]

pilha (f)	baterie (f)	[bate'rie]
acabar (vi)	a se termina	[a se termi'na]
trocar a pilha	a schimba bateria	[a skim'ba bate'rija]
estar adiantado	a merge înainte	[a 'merʤe ina'inte]
estar atrasado	a rămâne în urmă	[a rə'mine in 'urmə]

relógio (m) de parede	pendulă (f)	[pen'dulə]
ampulheta (f)	clepsidră (f)	[klep'sidrə]
relógio (m) de sol	cadran (n) solar	[ka'dran so'lar]
despertador (m)	ceas (n) deşteptător	[ʧas deʃteptə'tor]
relojoeiro (m)	ceasornicar (m)	[ʧasorni'kar]
reparar (vt)	a repara	[a repa'ra]

Alimentação. Nutrição

35. Comida

carne (f)	carne (f)	['karne]
galinha (f)	carne (f) de găină	['karne de gə'inə]
frango (m)	carne (f) de pui	['karne de puj]
pato (m)	carne (f) de rață	['karne de 'ratsə]
ganso (m)	carne (f) de gâscă	['karne de 'giskə]
caça (f)	vânat (n)	[vi'nat]
peru (m)	carne (f) de curcan	['karne de 'kurkan]
carne (f) de porco	carne (f) de porc	['karne de pork]
carne (f) de vitela	carne (f) de vițel	['karne de vi'tsel]
carne (f) de carneiro	carne (f) de berbec	['karne de ber'bek]
carne (f) de vaca	carne (f) de vită	['karne de 'vitə]
carne (f) de coelho	carne (f) de iepure de casă	['karne de 'epure de 'kasə]
linguiça (f), salsichão (m)	salam (n)	[sa'lam]
salsicha (f)	crenvurșt (n)	[kren'vurʃt]
bacon (m)	costiță (f) afumată	[kos'titsə afu'matə]
presunto (m)	șuncă (f)	['ʃunkə]
pernil (m) de porco	pulpă (f)	['pulpə]
patê (m)	pateu (n)	[pa'teu]
fígado (m)	ficat (m)	[fi'kat]
guisado (m)	carne (f) tocată	['karne to'katə]
língua (f)	limbă (f)	['limbə]
ovo (m)	ou (n)	['ow]
ovos (m pl)	ouă (n pl)	['owə]
clara (f) de ovo	albuș (n)	[al'buʃ]
gema (f) de ovo	gălbenuș	[gəlbe'nuʃ]
peixe (m)	pește (m)	['peʃte]
mariscos (m pl)	produse (n pl) marine	[pro'duse ma'rine]
caviar (m)	icre (f pl) de pește	['ikre de 'peʃte]
caranguejo (m)	crab (m)	[krab]
camarão (m)	crevetă (f)	[kre'vetə]
ostra (f)	stridie (f)	['stridie]
lagosta (f)	langustă (f)	[lan'gustə]
polvo (m)	caracatiță (f)	[kara'katitsə]
lula (f)	calmar (m)	[kal'mar]
esturjão (m)	carne (f) de nisetru	['karne de ni'setru]
salmão (m)	somon (m)	[so'mon]
halibute (m)	calcan (m)	[kal'kan]
bacalhau (m)	batog (m)	[ba'tog]
cavala, sarda (f)	macrou (n)	[ma'krou]

atum (m)	ton (m)	[ton]
enguia (f)	ţipar (m)	[tsi'par]

truta (f)	păstrăv (m)	[pəs'trəv]
sardinha (f)	sardea (f)	[sar'dʲa]
lúcio (m)	ştiucă (f)	['ʃtjukə]
arenque (m)	scrumbie (f)	[skrum'bie]

pão (m)	pâine (f)	['pine]
queijo (m)	caşcaval (n)	['brinzə]
açúcar (m)	zahăr (n)	['zahər]
sal (m)	sare (f)	['sare]

arroz (m)	orez (n)	[o'rez]
massas (f pl)	paste (f pl)	['paste]
talharim, miojo (m)	tăiţei (m)	[təi'tsej]

manteiga (f)	unt (n)	['unt]
óleo (m) vegetal	ulei (n) vegetal	[u'lej vedʒe'tal]
óleo (m) de girassol	ulei (n) de floarea-soarelui	[u'lej de flo'arʲa so'areluj]
margarina (f)	margarină (f)	[marga'rinə]

azeitonas (f pl)	olive (f pl)	[o'live]
azeite (m)	ulei (n) de măsline	[u'lej de məs'line]

leite (m)	lapte (n)	['lapte]
leite (m) condensado	lapte (n) condensat	['lapte konden'sat]
iogurte (m)	iaurt (n)	[ja'urt]
creme (m) azedo	smântână (f)	[smin'tinə]
creme (m) de leite	frişcă (f)	['friʃkə]

maionese (f)	maioneză (f)	[majo'nezə]
creme (m)	cremă (f)	['kremə]

grãos (m pl) de cereais	crupe (f pl)	['krupe]
farinha (f)	făină (f)	[fə'inə]
enlatados (m pl)	conserve (f pl)	[kon'serve]

flocos (m pl) de milho	fulgi (m pl) de porumb	['fuldʒʲ de po'rumb]
mel (m)	miere (f)	['mjere]
geleia (m)	gem (n)	[dʒem]
chiclete (m)	gumă (f) de mestecat	['gumə de meste'kat]

36. Bebidas

água (f)	apă (f)	['apə]
água (f) potável	apă (f) potabilă	['apə po'tabilə]
água (f) mineral	apă (f) minerală	['apə mine'ralə]

sem gás (adj)	necarbogazoasă	[nekarbogazo'asə]
gaseificada (adj)	carbogazoasă	[karbogazo'asə]
com gás	gazoasă	[gazo'asə]
gelo (m)	gheaţă (f)	['gʲatsə]
com gelo	cu gheaţă	[ku 'gʲatsə]

não alcoólico (adj)	fără alcool	['fərə alko'ol]
refrigerante (m)	băutură (f) fără alcool	[bəu'turə fərə alko'ol]
refresco (m)	băutură (f) răcoritoare	[bəu'turə rəkorito'are]
limonada (f)	limonadă (f)	[limo'nadə]
bebidas (f pl) alcoólicas	băuturi (f pl) alcoolice	[bəu'turʲ alko'olitʃe]
vinho (m)	vin (n)	[vin]
vinho (m) branco	vin (n) alb	[vin alb]
vinho (m) tinto	vin (n) roşu	[vin 'roʃu]
licor (m)	lichior (n)	[li'kør]
champanhe (m)	şampanie (f)	[ʃam'panie]
vermute (m)	vermut (n)	[ver'mut]
uísque (m)	whisky (n)	['wiski]
vodca (f)	votcă (f)	['votkə]
gim (m)	gin (n)	[dʒin]
conhaque (m)	coniac (n)	[ko'njak]
rum (m)	rom (n)	[rom]
café (m)	cafea (f)	[ka'fʲa]
café (m) preto	cafea (f) neagră	[ka'fʲa 'nʲagrə]
café (m) com leite	cafea (f) cu lapte	[ka'fʲa ku 'lapte]
cappuccino (m)	cafea (f) cu frişcă	[ka'fʲa ku 'friʃkə]
café (m) solúvel	cafea (f) solubilă	[ka'fʲa so'lubilə]
leite (m)	lapte (n)	['lapte]
coquetel (m)	cocteil (n)	[kok'tejl]
batida (f), milkshake (m)	cocteil (n) din lapte	[kok'tejl din 'lapte]
suco (m)	suc (n)	[suk]
suco (m) de tomate	suc (n) de roşii	[suk de 'roʃij]
suco (m) de laranja	suc (n) de portocale	[suk de porto'kale]
suco (m) fresco	suc (n) natural	[suk natu'ral]
cerveja (f)	bere (f)	['bere]
cerveja (f) clara	bere (f) blondă	['bere 'blondə]
cerveja (f) preta	bere (f) brună	['bere 'brunə]
chá (m)	ceai (n)	[tʃaj]
chá (m) preto	ceai (n) negru	[tʃaj 'negru]
chá (m) verde	ceai (n) verde	[tʃaj 'verde]

37. Vegetais

vegetais (m pl)	legume (f pl)	[le'gume]
verdura (f)	verdeaţă (f)	[ver'dʲatsə]
tomate (m)	roşie (f)	['roʃie]
pepino (m)	castravete (m)	[kastra'vete]
cenoura (f)	morcov (m)	['morkov]
batata (f)	cartof (m)	[kar'tof]
cebola (f)	ceapă (f)	['tʃapə]
alho (m)	usturoi (m)	[ustu'roj]

couve (f)	varză (f)	['varzə]
couve-flor (f)	conopidă (f)	[kono'pidə]
couve-de-bruxelas (f)	varză (f) de Bruxelles	['varzə de bruk'sel]
brócolis (m pl)	broccoli (m)	['brokoli]

beterraba (f)	sfeclă (f)	['sfeklə]
berinjela (f)	pătlăgea (f) vânătă	[pətlə'dʒʲa 'vinətə]
abobrinha (f)	dovlecel (m)	[dovle'ʧel]
abóbora (f)	dovleac (m)	[dov'lʲak]
nabo (m)	nap (m)	[nap]

salsa (f)	pătrunjel (m)	[pətrun'ʒel]
endro, aneto (m)	mărar (m)	[mə'rar]
alface (f)	salată (f)	[sa'latə]
aipo (m)	țelină (f)	['ʦelinə]
aspargo (m)	sparanghel (m)	[sparan'gel]
espinafre (m)	spanac (n)	[spa'nak]

ervilha (f)	mazăre (f)	['mazəre]
feijão (~ soja, etc.)	boabe (f pl)	[bo'abe]
milho (m)	porumb (m)	[po'rumb]
feijão (m) roxo	fasole (f)	[fa'sole]

pimentão (m)	piper (m)	[pi'per]
rabanete (m)	ridiche (f)	[ri'dike]
alcachofra (f)	anghinare (f)	[angi'nare]

38. Frutos. Nozes

fruta (f)	fruct (n)	[frukt]
maçã (f)	măr (n)	[mər]
pera (f)	pară (f)	['parə]
limão (m)	lămâie (f)	[lə'mie]
laranja (f)	portocală (f)	[porto'kalə]
morango (m)	căpșună (f)	[kəp'ʃunə]

tangerina (f)	mandarină (f)	[manda'rinə]
ameixa (f)	prună (f)	['prunə]
pêssego (m)	piersică (f)	['pjersikə]
damasco (m)	caisă (f)	[ka'isə]
framboesa (f)	zmeură (f)	['zmeurə]
abacaxi (m)	ananas (m)	[ana'nas]

banana (f)	banană (f)	[ba'nanə]
melancia (f)	pepene (m) verde	['pepene 'verde]
uva (f)	struguri (m pl)	['strugurʲ]
ginja (f)	vişină (f)	['viʃinə]
cereja (f)	cireaşă (f)	[ʧi'rʲaʃe]
melão (m)	pepene (m) galben	['pepene 'galben]

toranja (f)	grepfrut (n)	['grepfrut]
abacate (m)	avocado (n)	[avo'kado]
mamão (m)	papaia (f)	[pa'paja]
manga (f)	mango (n)	['mango]

romã (f)	rodie (f)	['rodie]
groselha (f) vermelha	coacăză (f) roşie	[ko'akəzə 'roʃie]
groselha (f) negra	coacăză (f) neagră	[ko'akəzə 'niagrə]
groselha (f) espinhosa	agrişă (f)	[a'griʃə]
mirtilo (m)	afină (f)	[a'finə]
amora (f) silvestre	mură (f)	['murə]

passa (f)	stafidă (f)	[sta'fidə]
figo (m)	smochină (f)	[smo'kinə]
tâmara (f)	curmală (f)	[kur'malə]

amendoim (m)	arahidă (f)	[ara'hidə]
amêndoa (f)	migdală (f)	[mig'dalə]
noz (f)	nucă (f)	['nukə]
avelã (f)	alună (f) de pădure	[a'lunə de pə'dure]
coco (m)	nucă (f) de cocos	['nukə de 'kokos]
pistaches (m pl)	fistic (m)	['fistik]

39. Pão. Bolaria

pastelaria (f)	produse (n pl) de cofetărie	[pro'duse də kofetə'rie]
pão (m)	pâine (f)	['pine]
biscoito (m), bolacha (f)	biscuit (m)	[bisku'it]

chocolate (m)	ciocolată (f)	[ʧioko'latə]
de chocolate	de, din ciocolată	[de, din ʧioko'latə]
bala (f)	bomboană (f)	[bombo'anə]
doce (bolo pequeno)	prăjitură (f)	[prəʒi'turə]
bolo (m) de aniversário	tort (n)	[tort]

| torta (f) | plăcintă (f) | [plə'ʧintə] |
| recheio (m) | umplutură (f) | [umplu'turə] |

geleia (m)	dulceață (f)	[dul'ʧatsə]
marmelada (f)	marmeladă (f)	[marme'ladə]
wafers (m pl)	napolitane (f pl)	[napoli'tane]
sorvete (m)	înghețată (f)	[inge'tsatə]

40. Pratos cozinhados

prato (m)	fel (n) de mâncare	[fel de mi'nkare]
cozinha (~ portuguesa)	bucătărie (f)	[bukətə'rie]
receita (f)	rețetă (f)	[re'tsetə]
porção (f)	porție (f)	['portsie]

| salada (f) | salată (f) | [sa'latə] |
| sopa (f) | supă (f) | ['supə] |

caldo (m)	supă (f) de carne	['supə de 'karne]
sanduíche (m)	tartină (f)	[tar'tinə]
ovos (m pl) fritos	omletă (f)	[om'letə]
hambúrguer (m)	hamburger (m)	['hamburger]

bife (m)	biftec (n)	[bif'tek]
acompanhamento (m)	garnitură (f)	[garni'turə]
espaguete (m)	spaghete (f pl)	[spa'gete]
purê (m) de batata	piure (n) de cartofi	[pju're de kar'tofʲ]
pizza (f)	pizza (f)	['pitsa]
mingau (m)	caşă (f)	['kaʃə]
omelete (f)	omletă (f)	[om'letə]

fervido (adj)	fiert	[fiert]
defumado (adj)	afumat	[afu'mat]
frito (adj)	prăjit	[prə'ʒit]
seco (adj)	uscat	[us'kat]
congelado (adj)	congelat	[kondʒe'lat]
em conserva (adj)	marinat	[mari'nat]

doce (adj)	dulce	['dultʃe]
salgado (adj)	sărat	[sə'rat]
frio (adj)	rece	['retʃe]
quente (adj)	fierbinte	[fier'binte]
amargo (adj)	amar	[a'mar]
gostoso (adj)	gustos	[gus'tos]

cozinhar em água fervente	a fierbe	[a 'fjerbe]
preparar (vt)	a găti	[a gə'ti]
fritar (vt)	a prăji	[a prə'ʒi]
aquecer (vt)	a încălzi	[a inkəl'zi]

salgar (vt)	a săra	[a sə'ra]
apimentar (vt)	a pipera	[a pipe'ra]
ralar (vt)	a da prin răzătoare	[a da prin rəzəto'are]
casca (f)	coajă (f)	[ko'aʒə]
descascar (vt)	a curăţa	[a kurə'tsa]

41. Especiarias

sal (m)	sare (f)	['sare]
salgado (adj)	sărat	[sə'rat]
salgar (vt)	a săra	[a sə'ra]

pimenta-do-reino (f)	piper (m) negru	[pi'per 'negru]
pimenta (f) vermelha	piper (m) roşu	[pi'per 'roʃu]
mostarda (f)	muştar (m)	[muʃ'tar]
raiz-forte (f)	hrean (n)	[hrʲan]

condimento (m)	condiment (n)	[kondi'ment]
especiaria (f)	condiment (n)	[kondi'ment]
molho (~ inglês)	sos (n)	[sos]
vinagre (m)	oţet (n)	[o'tset]

anis estrelado (m)	anason (m)	[ana'son]
manjericão (m)	busuioc (n)	[busu'jok]
cravo (m)	cuişoare (f pl)	[kuiʃo'are]
gengibre (m)	ghimber (m)	[gim'ber]
coentro (m)	coriandru (m)	[kori'andru]

41

canela (f)	scorțișoară (f)	[skortsiʃo'arə]
gergelim (m)	susan (m)	[su'san]
folha (f) de louro	foi (f) de dafin	[foj de 'dafin]
páprica (f)	paprică (f)	['paprikə]
cominho (m)	chimen (m)	[ki'men]
açafrão (m)	șofran (m)	[ʃo'fran]

42. Refeições

comida (f)	mâncare (f)	[mɨn'kare]
comer (vt)	a mânca	[a mɨn'ka]

café (m) da manhã	micul dejun (n)	['mikul de'ʒun]
tomar café da manhã	a lua micul dejun	[a lu'a 'mikul de'ʒun]
almoço (m)	prânz (n)	[prinz]
almoçar (vi)	a lua prânzul	[a lu'a 'prinzul]
jantar (m)	cină (f)	['ʧinə]
jantar (vi)	a cina	[a ʧi'na]

apetite (m)	poftă (f) de mâncare	['poftə de mi'nkare]
Bom apetite!	Poftă bună!	['poftə 'bunə]

abrir (~ uma lata, etc.)	a deschide	[a des'kide]
derramar (~ líquido)	a vărsa	[a vər'sa]
derramar-se (vr)	a se vărsa	[a se vər'sa]
ferver (vi)	a fierbe	[a 'fjerbe]
ferver (vt)	a fierbe	[a 'fjerbe]
fervido (adj)	fiert	[fiert]
esfriar (vt)	a răci	[a rə'ʧi]
esfriar-se (vr)	a se răci	[a se rə'ʧi]

sabor, gosto (m)	gust (n)	[gust]
fim (m) de boca	aromă (f)	[a'romə]

emagrecer (vi)	a slăbi	[a slə'bi]
dieta (f)	dietă (f)	[di'etə]
vitamina (f)	vitamină (f)	[vita'minə]
caloria (f)	calorie (f)	[kalo'rie]
vegetariano (m)	vegetarian (m)	[vedʒetari'an]
vegetariano (adj)	vegetarian	[vedʒetari'an]

gorduras (f pl)	grăsimi (f pl)	[grə'simi]
proteínas (f pl)	proteine (f pl)	[prote'ine]
carboidratos (m pl)	hidrați (m pl) de carbon	[hi'dratsi de kar'bon]
fatia (~ de limão, etc.)	felie (f)	[fe'lie]
pedaço (~ de bolo)	bucată (f)	[bu'katə]
migalha (f), farelo (m)	firimitură (f)	[firimi'turə]

43. Por a mesa

colher (f)	lingură (f)	['lingurə]
faca (f)	cuțit (n)	[ku'tsit]

garfo (m)	furculiță (f)	[furku'litsə]
xícara (f)	ceaşcă (f)	['tʃaʃkə]
prato (m)	farfurie (f)	[farfu'rie]
pires (m)	farfurioară (f)	[farfurio'arə]
guardanapo (m)	şerveţel (n)	[ʃərve'tsel]
palito (m)	scobitoare (f)	[skobito'are]

44. Restaurante

restaurante (m)	restaurant (n)	[restau'rant]
cafeteria (f)	cafenea (f)	[kafe'nʲa]
bar (m), cervejaria (f)	bar (n)	[bar]
salão (m) de chá	salon (n) de ceai	[sa'lon de tʃaj]

garçom (m)	chelner (m)	['kelner]
garçonete (f)	chelneriţă (f)	[kelne'ritsə]
barman (m)	barman (m)	['barman]

cardápio (m)	meniu (n)	[me'nju]
lista (f) de vinhos	meniu (n) de vinuri	[menju de 'vinurʲ]
reservar uma mesa	a rezerva o masă	[a rezer'va o 'masə]

prato (m)	mâncare (f)	[min'kare]
pedir (vt)	a comanda	[a koman'da]
fazer o pedido	a face comandă	[a 'fatʃe ko'mandə]

aperitivo (m)	aperitiv (n)	[aperi'tiv]
entrada (f)	gustare (f)	[gus'tare]
sobremesa (f)	desert (n)	[de'sert]

conta (f)	notă (f) de plată	['notə de 'platə]
pagar a conta	a achita nota de plată	[a aki'ta 'nota de 'platə]
dar o troco	a da rest	[a da 'rest]
gorjeta (f)	bacşiş (n)	[bak'ʃiʃ]

Família, parentes e amigos

45. Informação pessoal. Formulários

nome (m)	prenume (n)	[pre'nume]
sobrenome (m)	nume (n)	['nume]
data (f) de nascimento	data (f) naşterii	['data 'naʃterij]
local (m) de nascimento	locul (n) naşterii	['lokul 'naʃterij]
nacionalidade (f)	naţionalitate (f)	[natsionali'tate]
lugar (m) de residência	locul (n) de reşedinţă	['lokul de reʃe'dintsə]
país (m)	ţară (f)	['tsarə]
profissão (f)	profesie (f)	[pro'fesie]
sexo (m)	sex (n)	[seks]
estatura (f)	înălţime (f)	[inəl'tsime]
peso (m)	greutate (f)	[greu'tate]

46. Membros da família. Parentes

mãe (f)	mamă (f)	['mamə]
pai (m)	tată (m)	['tatə]
filho (m)	fiu (m)	['fju]
filha (f)	fiică (f)	['fiikə]
caçula (f)	fiica (f) mai mică	['fiika maj 'mikə]
caçula (m)	fiul (m) mai mic	['fjul maj mik]
filha (f) mais velha	fiica (f) mai mare	['fiika maj 'mare]
filho (m) mais velho	fiul (m) mai mare	['fjul maj 'mare]
irmão (m)	frate (m)	['frate]
irmã (f)	soră (f)	['sorə]
primo (m)	văr (m)	[vər]
prima (f)	vară (f)	['varə]
mamãe (f)	mamă (f)	['mamə]
papai (m)	tată (m)	['tatə]
pais (pl)	părinţi (m pl)	[pə'rintsʲ]
criança (f)	copil (m)	[ko'pil]
crianças (f pl)	copii (m pl)	[ko'pij]
avó (f)	bunică (f)	[bu'nikə]
avô (m)	bunic (m)	[bu'nik]
neto (m)	nepot (m)	[ne'pot]
neta (f)	nepoată (f)	[nepo'atə]
netos (pl)	nepoţi (m pl)	[ne'potsʲ]
tio (m)	unchi (m)	[unkʲ]
tia (f)	mătuşă (f)	[mə'tuʃə]

sobrinho (m)	nepot (m)	[ne'pot]
sobrinha (f)	nepoată (f)	[nepo'atə]
sogra (f)	soacră (f)	[so'akrə]
sogro (m)	socru (m)	['sokru]
genro (m)	cumnat (m)	[kum'nat]
madrasta (f)	mamă vitregă (f)	['mamə 'vitregə]
padrasto (m)	tată vitreg (m)	['tatə 'vitreg]
criança (f) de colo	sugaci (m)	[su'gaʧi]
bebê (m)	prunc (m)	[prunk]
menino (m)	pici (m)	[piʧi]
mulher (f)	soţie (f)	[so'tsie]
marido (m)	soţ (m)	[sots]
esposo (m)	soţ (m)	[sots]
esposa (f)	soţie (f)	[so'tsie]
casado (adj)	căsătorit	[kəsəto'rit]
casada (adj)	căsătorită	[kəsəto'ritə]
solteiro (adj)	celibatar (m)	[ʧeliba'tar]
solteirão (m)	burlac (m)	[bur'lak]
divorciado (adj)	divorţat	[divor'tsat]
viúva (f)	văduvă (f)	[vəduvə]
viúvo (m)	văduv (m)	[vəduv]
parente (m)	rudă (f)	['rudə]
parente (m) próximo	rudă (f) apropiată	['rudə apropi'jatə]
parente (m) distante	rudă (f) îndepărtată	['rudə indeper'tatə]
parentes (m pl)	rude (f pl) de sânge	['rude de 'sindʒe]
órfão (m), órfã (f)	orfan (m)	[or'fan]
tutor (m)	tutore (m)	[tu'tore]
adotar (um filho)	a adopta	[a adop'ta]
adotar (uma filha)	a adopta	[a adop'ta]

Medicina

47. Doenças

doença (f)	boală (f)	[bo'alə]
estar doente	a fi bolnav	[a fi bol'nav]
saúde (f)	sănătate (f)	[sənə'tate]
nariz (m) escorrendo	guturai (n)	[gutu'raj]
amigdalite (f)	anghină (f)	[a'nginə]
resfriado (m)	răceală (f)	[rə'ʧalə]
ficar resfriado	a răci	[a rə'ʧi]
bronquite (f)	bronşită (f)	[bron'ʃitə]
pneumonia (f)	pneumonie (f)	[pneumo'nie]
gripe (f)	gripă (f)	['gripə]
míope (adj)	miop	[mi'op]
presbita (adj)	prezbit	[prez'bit]
estrabismo (m)	strabism (n)	[stra'bism]
estrábico, vesgo (adj)	saşiu	[sa'ʃiu]
catarata (f)	cataractă (f)	[kata'raktə]
glaucoma (m)	glaucom (n)	[glau'kom]
AVC (m), apoplexia (f)	congestie (f)	[kon'ʤestie]
ataque (m) cardíaco	infarct (n)	[in'farkt]
enfarte (m) do miocárdio	infarct (n) miocardic	[in'farkt mio'kardik]
paralisia (f)	paralizie (f)	[parali'zie]
paralisar (vt)	a paraliza	[a parali'za]
alergia (f)	alergie (f)	[aler'ʤie]
asma (f)	astmă (f)	['astmə]
diabetes (f)	diabet (n)	[dia'bet]
dor (f) de dente	durere (f) de dinţi	[du'rere de dints]
cárie (f)	carie (f)	['karie]
diarreia (f)	diaree (f)	[dia'ree]
prisão (f) de ventre	constipaţie (f)	[konsti'patsie]
desarranjo (m) intestinal	deranjament (n) la stomac	[deranʒa'ment la sto'mak]
intoxicação (f) alimentar	intoxicare (f)	[intoksi'kare]
intoxicar-se	a se intoxica	[a se intoksi'ka]
artrite (f)	artrită (f)	[ar'tritə]
raquitismo (m)	rahitism (n)	[rahi'tism]
reumatismo (m)	reumatism (n)	[reuma'tism]
arteriosclerose (f)	ateroscleroză (f)	[arterioskle'rozə]
gastrite (f)	gastrită (f)	[gas'tritə]
apendicite (f)	apendicită (f)	[apendi'ʧitə]

| colecistite (f) | colecistită (f) | [koletʃis'titə] |
| úlcera (f) | ulcer (n) | [ul'tʃer] |

sarampo (m)	pojar	[po'ʒar]
rubéola (f)	rubeolă (f)	[ruʒe'olə]
icterícia (f)	icter (n)	['ikter]
hepatite (f)	hepatită (f)	[hepa'titə]

esquizofrenia (f)	schizofrenie (f)	[skizofre'nie]
raiva (f)	turbare (f)	[tur'bare]
neurose (f)	nevroză (f)	[ne'vrozə]
contusão (f) cerebral	comoție (f) cerebrală	[ko'moʦie ʦerə'bralə]

câncer (m)	cancer (n)	['kanʦer]
esclerose (f)	scleroză (f)	[skle'rozə]
esclerose (f) múltipla	scleroză multiplă (f)	[skle'rozə mul'tiplə]

alcoolismo (m)	alcoolism (n)	[alkoo'lizm]
alcoólico (m)	alcoolic (m)	[alko'olik]
sífilis (f)	sifilis (n)	['sifilis]
AIDS (f)	SIDA (f)	['sida]

tumor (m)	tumoare (f)	[tumo'are]
maligno (adj)	malignă	[ma'lignə]
benigno (adj)	benignă	[be'nignə]

febre (f)	friguri (n pl)	['frigur']
malária (f)	malarie (f)	[mala'rie]
gangrena (f)	cangrenă (f)	[kan'grenə]
enjoo (m)	rău (n) de mare	[rəu de 'mare]
epilepsia (f)	epilepsie (f)	[epilep'sie]

epidemia (f)	epidemie (f)	[epide'mie]
tifo (m)	tifos (n)	['tifos]
tuberculose (f)	tuberculoză (f)	[tuberku'lozə]
cólera (f)	holeră (f)	['holerə]
peste (f) bubônica	ciumă (f)	['ʦiumə]

48. Sintomas. Tratamentos. Parte 1

sintoma (m)	simptom (n)	[simp'tom]
temperatura (f)	temperatură (f)	[tempera'turə]
febre (f)	febră (f)	['febrə]
pulso (m)	puls (n)	[puls]

vertigem (f)	amețeală (f)	[ame'ʦʲalə]
quente (testa, etc.)	fierbinte	[fier'binte]
calafrio (m)	frisoane (n pl)	[friso'ane]
pálido (adj)	palid	['palid]

tosse (f)	tuse (f)	['tuse]
tossir (vi)	a tuşi	[a tu'ʃi]
espirrar (vi)	a strănuta	[a strənu'ta]
desmaio (m)	leşin (n)	[le'ʃin]

desmaiar (vi)	a leşina	[a leʃi'na]
mancha (f) preta	vânătaie (f)	[vinə'tae]
galo (m)	cucui (n)	[ku'kuj]
machucar-se (vr)	a se lovi	[a se lo'vi]
contusão (f)	contuzie (f)	[kon'tuzie]
machucar-se (vr)	a se lovi	[a se lo'vi]

mancar (vi)	a şchiopăta	[a ʃkiopə'ta]
deslocamento (f)	luxaţie (f)	[luk'satsie]
deslocar (vt)	a luxa	[a luk'sa]
fratura (f)	fractură (f)	[frak'turə]
fraturar (vt)	a fractura	[a fraktu'ra]

corte (m)	tăietură (f)	[təe'turə]
cortar-se (vr)	a se tăia	[a se tə'ja]
hemorragia (f)	sângerare (f)	[sindʒe'rare]

| queimadura (f) | arsură (f) | [ar'surə] |
| queimar-se (vr) | a se frige | [a se 'fridʒe] |

picar (vt)	a înţepa	[a intse'pa]
picar-se (vr)	a se înţepa	[a s intse'pa]
lesionar (vt)	a se răni	[a se rə'ni]
lesão (m)	vătămare (f)	[vətə'mare]
ferida (f), ferimento (m)	rană (f)	['ranə]
trauma (m)	traumă (f)	['traumə]

delirar (vi)	a delira	[a deli'ra]
gaguejar (vi)	a se bâlbâi	[a se bilbi'i]
insolação (f)	insolaţie (f)	[inso'latsie]

49. Sintomas. Tratamentos. Parte 2

| dor (f) | durere (f) | [du'rere] |
| farpa (no dedo, etc.) | ghimpe (m) | ['gimpe] |

suor (m)	transpiraţie (f)	[transpi'ratsie]
suar (vi)	a transpira	[a transpi'ra]
vômito (m)	vomă (f)	['vomə]
convulsões (f pl)	convulsii (f pl)	[kon'vulsij]

grávida (adj)	gravidă (f)	[gra'vidə]
nascer (vi)	a se naşte	[a se 'naʃte]
parto (m)	naştere (f)	['naʃtere]
dar à luz	a naşte	[a 'naʃte]
aborto (m)	avort (n)	[a'vort]

respiração (f)	respiraţie (f)	[respi'ratsie]
inspiração (f)	inspiraţie (f)	[inspi'ratsie]
expiração (f)	expiraţie (f)	[ekspi'ratsie]
expirar (vi)	a expira	[a ekspi'ra]
inspirar (vi)	a inspira	[a inspi'ra]
inválido (m)	invalid (m)	[inva'lid]
aleijado (m)	infirm (m)	[in'firm]

drogado (m)	narcoman (m)	[narko'man]
surdo (adj)	surd	[surd]
mudo (adj)	mut	[mut]
surdo-mudo (adj)	surdo-mut	[surdo'mut]

louco, insano (adj)	nebun	[ne'bun]
louco (m)	nebun (m)	[ne'bun]
louca (f)	nebună (f)	[ne'bunə]
ficar louco	a înnebuni	[a innebu'ni]

gene (m)	genă (f)	['dʒenə]
imunidade (f)	imunitate (f)	[imuni'tate]
hereditário (adj)	ereditar	[eredi'tar]
congênito (adj)	congenital	[kondʒeni'tal]

vírus (m)	virus (m)	['virus]
micróbio (m)	microb (m)	[mi'krob]
bactéria (f)	bacterie (f)	[bak'terie]
infecção (f)	infecție (f)	[in'fektsie]

50. Sintomas. Tratamentos. Parte 3

hospital (m)	spital (n)	[spi'tal]
paciente (m)	pacient (m)	[patʃi'ent]

diagnóstico (m)	diagnostic (n)	[diag'nostik]
cura (f)	tratament (n)	[trata'ment]
curar-se (vr)	a urma tratament	[a ur'ma trata'ment]
tratar (vt)	a trata	[a tra'ta]
cuidar (pessoa)	a îngriji	[a ingri'ʒi]
cuidado (m)	îngrijire (f)	[ingri'ʒire]

operação (f)	operație (f)	[ope'ratsie]
enfaixar (vt)	a pansa	[a pan'sa]
enfaixamento (m)	pansare (f)	[pan'sare]

vacinação (f)	vaccin (n)	[vak'tʃin]
vacinar (vt)	a vaccina	[a vaktʃi'na]
injeção (f)	injecție (f)	[in'ʒektsie]
dar uma injeção	a face injecție	[a 'fatʃe in'ʒektsie]

amputação (f)	amputare (f)	[ampu'tare]
amputar (vt)	a amputa	[a ampu'ta]
coma (f)	comă (f)	['komə]
estar em coma	a fi în comă	[a fi in 'komə]
reanimação (f)	reanimare (f)	[reani'mare]

recuperar-se (vr)	a se vindeca	[a se vinde'ka]
estado (~ de saúde)	stare (f)	['stare]
consciência (perder a ~)	conştiință (f)	[konʃti'intsə]
memória (f)	memorie (f)	[me'morie]

tirar (vt)	a extrage	[a eks'tradʒe]
obturação (f)	plombă (f)	['plombə]

49

obturar (vt)	a plomba	[a plom'ba]
hipnose (f)	hipnoză (f)	[hip'nozə]
hipnotizar (vt)	a hipnotiza	[a hipnoti'za]

51. Médicos

médico (m)	medic (m)	['medik]
enfermeira (f)	asistentă (f) medicală	[asis'tentə medi'kalə]
médico (m) pessoal	medic (m) personal	['medik perso'nal]

dentista (m)	stomatolog (m)	[stomato'log]
oculista (m)	oculist (m)	[oku'list]
terapeuta (m)	terapeut (m)	[terape'ut]
cirurgião (m)	chirurg (m)	[ki'rurg]

psiquiatra (m)	psihiatru (m)	[psihi'atru]
pediatra (m)	pediatru (m)	[pedi'atru]
psicólogo (m)	psiholog (m)	[psiho'log]
ginecologista (m)	ginecolog (m)	[dʒineko'log]
cardiologista (m)	cardiolog (m)	[kardio'log]

52. Medicina. Drogas. Acessórios

medicamento (m)	medicament (n)	[medika'ment]
remédio (m)	remediu (n)	[re'medju]
receita (f)	reţetă (f)	[re'ʦetə]

comprimido (m)	pastilă (f)	[pas'tilə]
unguento (m)	unguent (n)	[ungu'ent]
ampola (f)	fiolă (f)	[fi'olə]
solução, preparado (m)	mixtură (f)	[miks'turə]
xarope (m)	sirop (n)	[si'rop]
cápsula (f)	pilulă (f)	[pi'lulə]
pó (m)	praf (n)	[praf]

atadura (f)	bandaj (n)	[ban'daʒ]
algodão (m)	vată (f)	['vatə]
iodo (m)	iod (n)	[jod]

curativo (m) adesivo	leucoplast (n)	[leuko'plast]
conta-gotas (m)	pipetă (f)	[pi'petə]
termômetro (m)	termometru (n)	[termo'metru]
seringa (f)	seringă (f)	[se'ringə]

cadeira (f) de rodas	cărucior (n) pentru invalizi	[kəru'ʧior 'pentru inva'lizⁱ]
muletas (f pl)	cârje (f pl)	['kirʒe]

analgésico (m)	anestezic (n)	[anes'tezik]
laxante (m)	laxativ (n)	[laksa'tív]
álcool (m)	spirt (n)	[spirt]
ervas (f pl) medicinais	plante (f pl) medicinale	['plante mediʧi'nale]
de ervas (chá ~)	din plante medicinale	[din 'plante mediʧi'nale]

HABITAT HUMANO

Cidade

53. Cidade. Vida na cidade

cidade (f)	oraş (n)	[o'raʃ]
capital (f)	capitală (f)	[kapi'talə]
aldeia (f)	sat (n)	[sat]
mapa (m) da cidade	planul (n) oraşului	['planul o'raʃuluj]
centro (m) da cidade	centrul (n) oraşului	['tʃentrul o'raʃuluj]
subúrbio (m)	suburbie (f)	[subur'bie]
suburbano (adj)	din suburbie	[din subur'bie]
periferia (f)	margine (f)	['mardʒine]
arredores (m pl)	împrejurimi (f pl)	[impreʒu'rimʲ]
quarteirão (m)	cartier (n)	[kar'tjer]
quarteirão (m) residencial	cartier (n) locativ	[ka'rtjer loka'tiv]
tráfego (m)	circulaţie (f)	[tʃirku'latsie]
semáforo (m)	semafor (n)	[sema'for]
transporte (m) público	transport (n) urban	[trans'port ur'ban]
cruzamento (m)	intersecţie (f)	[inter'sektsie]
faixa (f)	trecere (f)	['tretʃere]
túnel (m) subterrâneo	trecere (f) subterană	['tretʃere subte'ranə]
cruzar, atravessar (vt)	a traversa	[a traver'sa]
pedestre (m)	pieton (m)	[pie'ton]
calçada (f)	trotuar (n)	[trotu'ar]
ponte (f)	pod (n)	[pod]
margem (f) do rio	faleză (f)	[fa'lezə]
fonte (f)	havuz (n)	[ha'vuz]
alameda (f)	alee (f)	[a'lee]
parque (m)	parc (n)	[park]
bulevar (m)	bulevard (n)	[bule'vard]
praça (f)	piaţă (f)	['pjatsə]
avenida (f)	prospect (n)	[pros'pekt]
rua (f)	stradă (f)	['stradə]
travessa (f)	stradelă (f)	[stra'delə]
beco (m) sem saída	fundătură (f)	[fundə'turə]
casa (f)	casă (f)	['kasə]
edifício, prédio (m)	clădire (f)	[klə'dire]
arranha-céu (m)	zgârie-nori (m)	['zgirie norʲ]
fachada (f)	faţadă (f)	[fa'tsadə]
telhado (m)	acoperiş (n)	[akope'riʃ]

janela (f)	fereastră (f)	[fe'rʲastrə]
arco (m)	arc (n)	[ark]
coluna (f)	coloană (f)	[kolo'anə]
esquina (f)	colţ (n)	[kolts]

vitrine (f)	vitrină (f)	[vi'trinə]
letreiro (m)	firmă (f)	['firmə]
cartaz (do filme, etc.)	afiş (n)	[a'fiʃ]
cartaz (m) publicitário	afişaj (n)	[afi'ʃaʒ]
painel (m) publicitário	panou (n) publicitar	[pa'nu publitʃi'tar]

lixo (m)	gunoi (n)	[gu'noj]
lata (f) de lixo	coş (n) de gunoi	[koʃ de gu'noj]
jogar lixo na rua	a face murdărie	[a 'fatʃe murdə'rie]
aterro (m) sanitário	groapă (f) de gunoi	[gro'apə de gu'noj]

orelhão (m)	cabină (f) telefonică	[ka'binə tele'fonikə]
poste (m) de luz	stâlp (m) de felinar	[stilp de feli'nar]
banco (m)	bancă (f)	['bankə]

polícia (m)	poliţist (m)	[poli'tsist]
polícia (instituição)	poliţie (f)	[po'litsie]
mendigo, pedinte (m)	cerşetor (m)	[tʃerʃe'tor]
desabrigado (m)	vagabond (m)	[vaga'bond]

54. Instituições urbanas

loja (f)	magazin (n)	[maga'zin]
drogaria (f)	farmacie (f)	[farma'tʃie]
ótica (f)	optică (f)	['optikə]
centro (m) comercial	centru (n) comercial	['tʃentru komertʃi'al]
supermercado (m)	supermarket (n)	[super'market]

padaria (f)	brutărie (f)	[brutə'rie]
padeiro (m)	brutar (m)	[bru'tar]
pastelaria (f)	cofetărie (f)	[kofetə'rie]
mercearia (f)	băcănie (f)	[bəkə'nie]
açougue (m)	hală (f) de carne	['halə de 'karne]

| fruteira (f) | magazin (m) de legume | [maga'zin de le'gume] |
| mercado (m) | piaţă (f) | ['pjatsə] |

cafeteria (f)	cafenea (f)	[kafe'nʲa]
restaurante (m)	restaurant (n)	[restau'rant]
bar (m)	berărie (f)	[berə'rie]
pizzaria (f)	pizzerie (f)	[pitse'rie]

salão (m) de cabeleireiro	frizerie (f)	[frize'rie]
agência (f) dos correios	poştă (f)	['poʃtə]
lavanderia (f)	curăţătorie (f) chimică	[kurətsəto'rie 'kimikə]
estúdio (m) fotográfico	atelier (n) foto	[ate'ljer 'foto]

| sapataria (f) | magazin (n) de încălţăminte | [maga'zin de inkəltsə'minte] |
| livraria (f) | librărie (f) | [librə'rie] |

loja (f) de artigos esportivos	magazin (n) sportiv	[maga'zin spor'tiv]
costureira (m)	croitorie (f)	[kroito'rie]
aluguel (m) de roupa	închiriere (f) de haine	[inki'rjere de 'hajne]
videolocadora (f)	închiriere (f) de filme	[inki'rjere de 'filme]

circo (m)	circ (n)	[tʃirk]
jardim (m) zoológico	grădină (f) zoologică	[grə'dinə zoo'lodʒikə]
cinema (m)	cinematograf (n)	[tʃinemato'graf]
museu (m)	muzeu (n)	[mu'zeu]
biblioteca (f)	bibliotecă (f)	[biblio'tekə]

teatro (m)	teatru (n)	[te'atru]
ópera (f)	operă (f)	['operə]
boate (casa noturna)	club (n) de noapte	['klub de no'apte]
cassino (m)	cazinou (n)	[kazi'nou]

mesquita (f)	moschee (f)	[mos'kee]
sinagoga (f)	sinagogă (f)	[sina'gogə]
catedral (f)	catedrală (f)	[kate'dralə]
templo (m)	templu (n)	['templu]
igreja (f)	biserică (f)	[bi'serikə]

faculdade (f)	institut (n)	[insti'tut]
universidade (f)	universitate (f)	[universi'tate]
escola (f)	şcoală (f)	[ʃko'alə]

prefeitura (f)	prefectură (f)	[prefek'turə]
câmara (f) municipal	primărie (f)	[primə'rie]
hotel (m)	hotel (n)	[ho'tel]
banco (m)	bancă (f)	['bankə]

embaixada (f)	ambasadă (f)	[amba'sadə]
agência (f) de viagens	agenţie (f) de turism	[adʒen'tsie de tu'rism]
agência (f) de informações	birou (n) de informaţii	[bi'rou de infor'matsij]
casa (f) de câmbio	schimb (n) valutar	[skimb valu'tar]

| metrô (m) | metrou (n) | [me'trou] |
| hospital (m) | spital (n) | [spi'tal] |

| posto (m) de gasolina | benzinărie (f) | [benzinə'rie] |
| parque (m) de estacionamento | parcare (f) | [par'kare] |

55. Sinais

letreiro (m)	firmă (f)	['firmə]
aviso (m)	inscripţie (f)	[in'skriptsie]
cartaz, pôster (m)	afiş (n)	[a'fiʃ]
placa (f) de direção	semn (n)	[semn]
seta (f)	indicator (n)	[indika'tor]

aviso (advertência)	avertisment (n)	[avertis'ment]
sinal (m) de aviso	avertisment (n)	[avertis'ment]
avisar, advertir (vt)	a avertiza	[a averti'za]
dia (m) de folga	zi (f) de odihnă	[zi de o'dihnə]

| horário (~ dos trens, etc.) | orar (n) | [o'rar] |
| horário (m) | ore (f pl) de lucru | ['ore de 'lukru] |

BEM-VINDOS!	BINE AŢI VENIT!	['bine 'atsʲ ve'nit]
ENTRADA	INTRARE	[in'trare]
SAÍDA	IEŞIRE	[je'ʃire]

EMPURRE	ÎMPINGE	[im'pindʒe]
PUXE	TRAGE	['tradʒe]
ABERTO	DESCHIS	[des'kis]
FECHADO	ÎNCHIS	[in'kis]

| MULHER | PENTRU FEMEI | ['pentru fe'mej] |
| HOMEM | PENTRU BĂRBAŢI | ['pentru bər'batsʲ] |

DESCONTOS	REDUCERI	[re'dutʃerʲ]
SALDOS, PROMOÇÃO	LICHIDARE DE STOC	[liki'dare de stok]
NOVIDADE!	NOU	['nou]
GRÁTIS	GRATUIT	[gratu'it]

ATENÇÃO!	ATENŢIE!	[a'tentsie]
NÃO HÁ VAGAS	NU SUNT LOCURI	[nu 'sunt 'lokurʲ]
RESERVADO	REZERVAT	[rezer'vat]

| ADMINISTRAÇÃO | ADMINISTRAŢIE | [adminis'tratsie] |
| SOMENTE PESSOAL AUTORIZADO | NUMAI PENTRU ANGAJAŢI | ['numaj 'pentru anga'ʒats] |

CUIDADO CÃO FEROZ	CÂINE RĂU	['kine 'rəu]
PROIBIDO FUMAR!	NU FUMAŢI!	[nu fu'mats]
NÃO TOCAR	NU ATINGEŢI!	[nu a'tindʒets]

PERIGOSO	PERICULOS	[periku'los]
PERIGO	PERICOL	[pe'rikol]
ALTA TENSÃO	TENSIUNE ÎNALTĂ	[tensi'une i'naltə]
PROIBIDO NADAR	SCĂLDATUL INTERZIS!	[skəl'datul inter'zis]
COM DEFEITO	NU FUNCŢIONEAZĂ	[nu funktsio'nʲazə]

INFLAMÁVEL	INFLAMABIL	[infla'mabil]
PROIBIDO	INTERZIS	[inter'zis]
ENTRADA PROIBIDA	TRECEREA INTERZISĂ	['tretʃerʲa inter'zisə]
CUIDADO TINTA FRESCA	PROASPĂT VOPSIT	[pro'aspət vop'sit]

56. Transportes urbanos

ônibus (m)	autobuz (n)	[auto'buz]
bonde (m) elétrico	tramvai (n)	[tram'vaj]
trólebus (m)	troleibuz (n)	[trolej'buz]
rota (f), itinerário (m)	rută (f)	['rutə]
número (m)	număr (n)	['numər]

ir de ... (carro, etc.)	a merge cu ...	[a 'merdʒe ku]
entrar no ...	a se urca	[a se ur'ka]
descer do ...	a coborî	[a kobo'ri]

parada (f)	stație (f)	['statsie]
próxima parada (f)	stația (f) următoare	['statsija urməto'are]
terminal (m)	ultima stație (f)	['ultima 'statsie]
horário (m)	orar (n)	[o'rar]
esperar (vt)	a aştepta	[a aʃtep'ta]

| passagem (f) | bilet (n) | [bi'let] |
| tarifa (f) | costul (n) biletului | ['kostul bi'letuluj] |

bilheteiro (m)	casier (m)	[ka'sjer]
controle (m) de passagens	control (n)	[kon'trol]
revisor (m)	controlor (m)	[kontro'lor]

atrasar-se (vr)	a întârzia	[a intir'zija]
perder (o autocarro, etc.)	a pierde ...	[a 'pjerdə]
estar com pressa	a se grăbi	[a se grə'bi]

táxi (m)	taxi (n)	[ta'ksi]
taxista (m)	taximetrist (m)	[taksime'trist]
de táxi (ir ~)	cu taxiul	[ku ta'ksjul]
ponto (m) de táxis	stație (f) de taxiuri	['statsie de ta'ksjur']
chamar um táxi	a chema un taxi	[a ke'ma un ta'ksi]
pegar um táxi	a lua un taxi	[a lu'a un ta'ksi]

tráfego (m)	circulație (f) pe stradă	[tʃirku'latsie pe 'stradə]
engarrafamento (m)	ambuteiaj (n)	[ambute'jaʒ]
horas (f pl) de pico	oră (f) de vârf	[orə de virf]
estacionar (vi)	a se parca	[a se par'ka]
estacionar (vt)	a parca	[a par'ka]
parque (m) de estacionamento	parcare (f)	[par'kare]

metrô (m)	metrou (n)	[me'trou]
estação (f)	stație (f)	['statsie]
ir de metrô	a merge cu metroul	[a 'merdʒe ku me'troul]
trem (m)	tren (n)	[tren]
estação (f) de trem	gară (f)	['garə]

57. Turismo

monumento (m)	monument (n)	[monu'ment]
fortaleza (f)	cetate (f)	[tʃe'tate]
palácio (m)	palat (n)	[pa'lat]
castelo (m)	castel (n)	[kas'tel]
torre (f)	turn (n)	[turn]
mausoléu (m)	mausoleu (n)	[mawzo'leu]

arquitetura (f)	arhitectură (f)	[arhitek'turə]
medieval (adj)	medieval	[medie'val]
antigo (adj)	vechi	[vek']
nacional (adj)	național	[natsio'nal]
famoso, conhecido (adj)	cunoscut	[kunos'kut]

| turista (m) | turist (m) | [tu'rist] |
| guia (pessoa) | ghid (m) | [gid] |

excursão (f)	excursie (f)	[eks'kursie]
mostrar (vt)	a arăta	[a arə'ta]
contar (vt)	a povesti	[a poves'ti]

encontrar (vt)	a găsi	[a gə'si]
perder-se (vr)	a se pierde	[a se 'pjerde]
mapa (~ do metrô)	schemă (f)	['skemə]
mapa (~ da cidade)	plan (m)	[plan]

lembrança (f), presente (m)	suvenir (n)	[suve'nir]
loja (f) de presentes	magazin (n) de suveniruri	[maga'zin de suve'nirur¹]
tirar fotos, fotografar	a fotografia	[a fotografi'ja]
fotografar-se (vr)	a se fotografia	[a se fotografi'ja]

58. Compras

comprar (vt)	a cumpăra	[a kumpə'ra]
compra (f)	cumpărătură (f)	[kumpərə'turə]
fazer compras	a face cumpărături	[a 'fatʃe kumpərə'tur¹]
compras (f pl)	shopping (n)	['ʃoping]

| estar aberta (loja) | a fi deschis | [a fi des'kis] |
| estar fechada | a se închide | [a se in'kide] |

calçado (m)	încălțăminte (f)	[inkəltsə'minte]
roupa (f)	haine (f pl)	['hajne]
cosméticos (m pl)	cosmetică (f)	[kos'metikə]
alimentos (m pl)	produse (n pl)	[pro'duse]
presente (m)	cadou (n)	[ka'dou]

| vendedor (m) | vânzător (m) | [vinzə'tor] |
| vendedora (f) | vânzătoare (f) | [vinzəto'are] |

caixa (f)	casă (f)	['kasə]
espelho (m)	oglindă (f)	[og'lində]
balcão (m)	tejghea (f)	[teʒ'g¹a]
provador (m)	cabină (f) de probă	[ka'binə de 'probə]

provar (vt)	a proba	[a pro'ba]
servir (roupa, caber)	a veni	[a ve'ni]
gostar (apreciar)	a plăcea	[a plə'tʃa]

preço (m)	preț (n)	[prets]
etiqueta (f) de preço	indicator (n) de prețuri	[indika'tor de 'pretsur¹]
custar (vt)	a costa	[a kos'ta]
Quanto?	Cât?	[kit]
desconto (m)	reducere (f)	[re'dutʃere]

não caro (adj)	ieftin	['jeftin]
barato (adj)	ieftin	['jeftin]
caro (adj)	scump	[skump]
É caro	E scump	[e skump]
aluguel (m)	închiriere (f)	[inkiri'ere]
alugar (roupas, etc.)	a lua în chirie	[a lu'a in ki'rie]

| crédito (m) | credit (n) | ['kredit] |
| a crédito | în credit | [in 'kredit] |

59. Dinheiro

dinheiro (m)	bani (m pl)	[banʲ]
câmbio (m)	schimb (n)	[skimb]
taxa (f) de câmbio	curs (n)	[kurs]
caixa (m) eletrônico	bancomat (n)	[banko'mat]
moeda (f)	monedă (f)	[mo'nedə]

| dólar (m) | dolar (m) | [do'lar] |
| euro (m) | euro (m) | ['euro] |

lira (f)	liră (f)	['lirə]
marco (m)	marcă (f)	['markə]
franco (m)	franc (m)	[frank]
libra (f) esterlina	liră (f) sterlină	['lirə ster'linə]
iene (m)	yen (f)	['jen]

dívida (f)	datorie (f)	[dato'rie]
devedor (m)	datornic (m)	[da'tornik]
emprestar (vt)	a da cu împrumut	[a da ku impru'mut]
pedir emprestado	a lua cu împrumut	[a lu'a ku impru'mut]

banco (m)	bancă (f)	['bankə]
conta (f)	cont (n)	[kont]
depositar na conta	a pune în cont	[a 'pune in 'kont]
sacar (vt)	a scoate din cont	[a sko'ate din kont]

cartão (m) de crédito	carte (f) de credit	['karte de 'kredit]
dinheiro (m) vivo	numerar (n)	[nume'rar]
cheque (m)	cec (n)	[tʃek]
passar um cheque	a scrie un cec	[a 'skrie un tʃek]
talão (m) de cheques	carte (f) de cecuri	['karte de 'tʃekurʲ]

carteira (f)	portvizit (n)	[portvi'zit]
niqueleira (f)	portofel (n)	[porto'fel]
cofre (m)	seif (n)	['sejf]

herdeiro (m)	moştenitor (m)	[moʃteni'tor]
herança (f)	moştenire (f)	[moʃte'nire]
fortuna (riqueza)	avere (f)	[a'vere]

arrendamento (m)	arendă (f)	[a'rendə]
aluguel (pagar o ~)	chirie (f)	[ki'rie]
alugar (vt)	a închiria	[a inkiri'ja]

preço (m)	preţ (n)	[prets]
custo (m)	valoare (f)	[valo'are]
soma (f)	sumă (f)	['sumə]

| gastar (vt) | a cheltui | [a keltu'i] |
| gastos (m pl) | cheltuieli (f pl) | [keltu'elʲ] |

| economizar (vi) | a economisi | [a ekonomi'si] |
| econômico (adj) | econom | [eko'nom] |

pagar (vt)	a plăti	[a plə'ti]
pagamento (m)	plată (f)	['platə]
troco (m)	rest (n)	[rest]

imposto (m)	impozit (n)	[im'pozit]
multa (f)	amendă (f)	[a'mendə]
multar (vt)	a amenda	[a amen'da]

60. Correios. Serviço postal

agência (f) dos correios	poştă (f)	['poʃtə]
correio (m)	corespondenţă (f)	[korespon'dentsə]
carteiro (m)	poştaş (m)	[poʃ'taʃ]
horário (m)	ore (f pl) de lucru	['ore de 'lukru]

carta (f)	scrisoare (f)	[skriso'are]
carta (f) registada	scrisoare (f) recomandată	[skriso'are rekoman'datə]
cartão (m) postal	carte (f) poştală	['karte poʃ'talə]
telegrama (m)	telegramă (f)	[tele'gramə]
encomenda (f)	colet (n)	[ko'let]
transferência (f) de dinheiro	mandat (n) poştal	[man'dat poʃ'tal]

receber (vt)	a primi	[a pri'mi]
enviar (vt)	a expedia	[a ekspedi'ja]
envio (m)	expediere (f)	[ekspe'djere]

endereço (m)	adresă (f)	[a'dresə]
código (m) postal	cod (n) poştal	[kod poʃ'tal]
remetente (m)	expeditor (m)	[ekspedi'tor]
destinatário (m)	destinatar (m)	[destina'tar]

| nome (m) | prenume (n) | [pre'nume] |
| sobrenome (m) | nume (n) | ['nume] |

tarifa (f)	tarif (n)	[ta'rif]
ordinário (adj)	normal	[nor'mal]
econômico (adj)	econom	[eko'nom]

peso (m)	greutate (f)	[greu'tate]
pesar (estabelecer o peso)	a cântări	[a kintə'ri]
envelope (m)	plic (n)	[plik]
selo (m) postal	timbru (n)	['timbru]
colar o selo	a lipi timbrul	[a li'pi 'timbrul]

Moradia. Casa. Lar

61. Casa. Eletricidade

eletricidade (f)	electricitate (f)	[elektritʃi'tate]
lâmpada (f)	bec (n)	[bek]
interruptor (m)	întrerupător (n)	[întrerupe'tor]
fusível, disjuntor (m)	siguranţă (f)	[sigu'rantse]
fio, cabo (m)	cablu (n)	['kablu]
instalação (f) elétrica	instalaţie (f) electrică	[insta'latsie e'lektrike]
medidor (m) de eletricidade	contor (n)	[kon'tor]
indicação (f), registro (m)	indicaţie (f)	[indi'katsie]

62. Moradia. Mansão

casa (f) de campo	casă (f) în afara localităţii	['kase in a'fara lokali'tetsij]
vila (f)	vilă (f)	['vile]
ala (~ do edifício)	aripă (f)	[a'ripe]
jardim (m)	grădină (f)	[gre'dine]
parque (m)	parc (n)	[park]
estufa (f)	seră (f)	['sere]
cuidar de ...	a îngriji	[a ingri'ʒi]
piscina (f)	bazin (n)	[ba'zin]
academia (f) de ginástica	sală (f) de sport	['sale de sport]
quadra (f) de tênis	teren (n) de tenis	[te'ren de 'tenis]
cinema (m)	cinematograf (n)	[tʃinemato'graf]
garagem (f)	garaj (n)	[ga'raʒ]
propriedade (f) privada	proprietate (f) privată	[proprie'tate pri'vate]
terreno (m) privado	proprietate (f) privată	[proprie'tate pri'vate]
advertência (f)	avertizare (f)	[averti'zare]
sinal (m) de aviso	avertisment (n)	[avertis'ment]
guarda (f)	pază (f)	['paze]
guarda (m)	paznic (m)	['paznik]
alarme (m)	alarmă (f)	[a'larme]

63. Apartamento

apartamento (m)	apartament (n)	[aparta'ment]
quarto, cômodo (m)	cameră (f)	['kamere]
quarto (m) de dormir	dormitor (n)	[dormi'tor]

sala (f) de jantar	sufragerie (f)	[sufradʒe'rie]
sala (f) de estar	salon (n)	[sa'lon]
escritório (m)	cabinet (n)	[kabi'net]

sala (f) de entrada	antreu (n)	[an'treu]
banheiro (m)	baie (f)	['bae]
lavabo (m)	toaletă (f)	[toa'letə]

teto (m)	pod (n)	[pod]
chão, piso (m)	podea (f)	[po'dʲa]
canto (m)	colț (n)	[kolts]

64. Mobiliário. Interior

mobiliário (m)	mobilă (f)	['mobilə]
mesa (f)	masă (f)	['masə]
cadeira (f)	scaun (n)	['skaun]
cama (f)	pat (n)	[pat]

sofá, divã (m)	divan (n)	[di'van]
poltrona (f)	fotoliu (n)	[fo'tolju]

estante (f)	dulap (n) de cărți	[du'lap de kərts]
prateleira (f)	raft (n)	[raft]

guarda-roupas (m)	dulap (n) de haine	[du'lap de 'hajne]
cabide (m) de parede	cuier (n) perete	[ku'jer pe'rete]
cabideiro (m) de pé	cuier (n) pom	[ku'jer pom]

cômoda (f)	comodă (f)	[ko'modə]
mesinha (f) de centro	măsuță (f)	[mə'sutsə]

espelho (m)	oglindă (f)	[og'lində]
tapete (m)	covor (n)	[ko'vor]
tapete (m) pequeno	carpetă (f)	[kar'petə]

lareira (f)	șemineu (n)	[ʃəmi'neu]
vela (f)	lumânare (f)	[lumi'nare]
castiçal (m)	sfeșnic (n)	['sfeʃnik]

cortinas (f pl)	draperii (f pl)	[drape'rij]
papel (m) de parede	tapet (n)	[ta'pet]
persianas (f pl)	jaluzele (f pl)	[ʒalu'zele]

luminária (f) de mesa	lampă (f) de birou	['lampə de bi'rou]
luminária (f) de parede	lampă (f)	['lampə]

abajur (m) de pé	lampă (f) cu picior	['lampə ku pi'tʃior]
lustre (m)	lustră (f)	['lustrə]

pé (de mesa, etc.)	picior (n)	[pi'tʃior]
braço, descanso (m)	braț (n) la fotoliu	['brats la fo'tolju]
costas (f pl)	spătar (n)	[spə'tar]
gaveta (f)	sertar (n)	[ser'tar]

65. Quarto de dormir

roupa (f) de cama	lenjerie (f)	[lenʒe'rie]
travesseiro (m)	pernă (f)	['pernə]
fronha (f)	faţă (f) de pernă	['fatsə de 'pernə]
cobertor (m)	plapumă (f)	['plapumə]
lençol (m)	cearşaf (n)	[ʧar'ʃaf]
colcha (f)	pătură (f)	[pəturə]

66. Cozinha

cozinha (f)	bucătărie (f)	[bukəte'rie]
gás (m)	gaz (n)	[gaz]
fogão (m) a gás	aragaz (n)	[ara'gaz]
fogão (m) elétrico	plită (f) electrică	['plitə e'lektrikə]
forno (m)	cuptor (n)	[kup'tor]
forno (m) de micro-ondas	cuptor (n) cu microunde	[kup'tor ku mikro'unde]
geladeira (f)	frigider (n)	[fridʒi'der]
congelador (m)	congelator (n)	[kondʒela'tor]
máquina (f) de lavar louça	maşină (f) de spălat vase	[ma'ʃinə de spə'lat 'vase]
moedor (m) de carne	maşină (f) de tocat carne	[ma'ʃinə de to'kat 'karne]
espremedor (m)	storcător (n)	[storkə'tor]
torradeira (f)	prăjitor (n) de pâine	[prəʒi'tor de 'pɨne]
batedeira (f)	mixer (n)	['mikser]
máquina (f) de café	fierbător (n) de cafea	[fierbə'tor de ka'fʲa]
cafeteira (f)	ibric (n)	[i'brik]
moedor (m) de café	râşniţă (f) de cafea	['riʃnitsə de ka'fʲa]
chaleira (f)	ceainic (n)	['ʧajnik]
bule (m)	ceainic (n)	['ʧajnik]
tampa (f)	capac (n)	[ka'pak]
coador (m) de chá	strecurătoare (f)	[strekurəto'are]
colher (f)	lingură (f)	['lingurə]
colher (f) de chá	linguriţă (f) de ceai	[lingu'ritsə de ʧaj]
colher (f) de sopa	lingură (f)	['lingurə]
garfo (m)	furculiţă (f)	[furku'litsə]
faca (f)	cuţit (n)	[ku'tsit]
louça (f)	vase (n pl)	['vase]
prato (m)	farfurie (f)	[farfu'rie]
pires (m)	farfurioară (f)	[farfurio'arə]
cálice (m)	păhărel (n)	[pəhə'rel]
copo (m)	pahar (n)	[pa'har]
xícara (f)	ceaşcă (f)	['ʧaʃkə]
açucareiro (m)	zaharniţă (f)	[za'harnitsə]
saleiro (m)	solniţă (f)	['solnitsə]
pimenteiro (m)	piperniţă (f)	[pi'pernitsə]

manteigueira (f)	untieră (f)	[un'tjerə]
panela (f)	cratiţă (f)	['kratitsə]
frigideira (f)	tigaie (f)	[ti'gae]
concha (f)	polonic (n)	[polo'nik]
coador (m)	strecurătoare (f)	[strekurəto'are]
bandeja (f)	tavă (f)	['tavə]

garrafa (f)	sticlă (f)	['stiklə]
pote (m) de vidro	borcan (n)	[bor'kan]
lata (~ de cerveja)	cutie (f)	[ku'tie]

abridor (m) de garrafa	deschizător (n) de sticle	[deskizə'tor de 'stikle]
abridor (m) de latas	deschizător (n) de conserve	[deskizə'tor de kon'serve]
saca-rolhas (m)	tirbuşon (n)	[tirbu'ʃon]
filtro (m)	filtru (n)	['filtru]
filtrar (vt)	a filtra	[a fil'tra]

| lixo (m) | gunoi (n) | [gu'noj] |
| lixeira (f) | coş (n) de gunoi | [koʃ de gu'noj] |

67. Casa de banho

banheiro (m)	baie (f)	['bae]
água (f)	apă (f)	['apə]
torneira (f)	robinet (n)	[robi'net]
água (f) quente	apă (f) fierbinte	['apə fjer'binte]
água (f) fria	apă (f) rece	['apə 'retʃe]

| pasta (f) de dente | pastă (f) de dinţi | ['pastə de dintsʲ] |
| escovar os dentes | a se spăla pe dinţi | [a se spə'la pe dintsʲ] |

barbear-se (vr)	a se bărbieri	[a se bərbie'ri]
espuma (f) de barbear	spumă (f) de ras	['spumə de 'ras]
gilete (f)	brici (n)	['britʃi]

lavar (vt)	a spăla	[a spə'la]
tomar banho	a se spăla	[a se spə'la]
chuveiro (m), ducha (f)	duş (n)	[duʃ]
tomar uma ducha	a face duş	[a 'fatʃe duʃ]

banheira (f)	cadă (f)	['kadə]
vaso (m) sanitário	closet (n)	[klo'set]
pia (f)	chiuvetă (f)	[kju'vetə]

| sabonete (m) | săpun (n) | [sə'pun] |
| saboneteira (f) | săpunieră (f) | [səpu'njerə] |

esponja (f)	burete (n)	[bu'rete]
xampu (m)	şampon (n)	[ʃam'pon]
toalha (f)	prosop (n)	[pro'sop]
roupão (m) de banho	halat (n)	[ha'lat]

| lavagem (f) | spălat (n) | [spə'lat] |
| lavadora (f) de roupas | maşină (f) de spălat | [ma'ʃinə de spə'lat] |

| lavar a roupa | a spăla haine | [a spə'la 'hajne] |
| detergente (m) | detergent (n) | [deter'ʤent] |

68. Eletrodomésticos

televisor (m)	televizor (n)	[televi'zor]
gravador (m)	casetofon (n)	[kaseto'fon]
videogravador (m)	videomagnetofon (n)	[videomagneto'fon]
rádio (m)	aparat (n) de radio	[apa'rat de 'radio]
leitor (m)	CD player (n)	[si'di 'pleer]

projetor (m)	proiector (n) video	[proek'tor 'video]
cinema (m) em casa	sistem (n) home cinema	[sis'tem 'houm 'sinema]
DVD Player (m)	DVD-player (n)	[divi'di 'pleer]
amplificador (m)	amplificator (n)	[amplifi'kator]
console (f) de jogos	consolă (f) de jocuri	[kon'sole de 'ʒokurⁱ]

câmera (f) de vídeo	cameră (f) video	['kamere 'video]
máquina (f) fotográfica	aparat (n) foto	[apa'rat 'foto]
câmera (f) digital	aparat (n) foto digital	[apa'rat 'foto didʒi'tal]

aspirador (m)	aspirator (n)	[aspira'tor]
ferro (m) de passar	fier (n) de călcat	[fier de kəl'kat]
tábua (f) de passar	masă (f) de călcat	['mase de kəl'kat]

telefone (m)	telefon (n)	[tele'fon]
celular (m)	telefon (n) mobil	[tele'fon mo'bil]
máquina (f) de escrever	maşină (f) de scris	[ma'ʃine de skris]
máquina (f) de costura	maşină (f) de cusut	[ma'ʃine de ku'sut]

microfone (m)	microfon (n)	[mikro'fon]
fone (m) de ouvido	căşti (f pl)	[kəʃtⁱ]
controle remoto (m)	telecomandă (f)	[teleko'mande]

CD (m)	CD (n)	[si'di]
fita (f) cassete	casetă (f)	[ka'sete]
disco (m) de vinil	placă (f)	['plake]

ATIVIDADES HUMANAS

Emprego. Negócios. Parte 1

69. Escritório. O trabalho no escritório

escritório (~ de advogados)	oficiu (n)	[o'fitʃiu]
escritório (do diretor, etc.)	cabinet (n)	[kabi'net]
recepção (f)	recepție (f)	[re'tʃeptsie]
secretário (m)	secretar (m)	[sekre'tar]
diretor (m)	director (m)	[di'rektor]
gerente (m)	manager (m)	['menedʒə]
contador (m)	contabil (f)	[kon'tabil]
empregado (m)	colaborator (m)	[kolabora'tor]
mobiliário (m)	mobilă (f)	['mobilə]
mesa (f)	masă (f)	['masə]
cadeira (f)	fotoliu (n)	[fo'tolju]
gaveteiro (m)	noptieră (f)	[nop'tjerə]
cabideiro (m) de pé	cuier (n) pom	[ku'jer pom]
computador (m)	calculator (n)	[kalkula'tor]
impressora (f)	imprimantă (f)	[impri'mantə]
fax (m)	fax (n)	[faks]
fotocopiadora (f)	copiator (n)	[kopia'tor]
papel (m)	hârtie (f)	[hir'tie]
artigos (m pl) de escritório	rechizite (n pl) de birou	[reki'zite de bi'rou]
tapete (m) para mouse	pad (n)	[pad], [pəd]
folha (f)	foaie (f)	[fo'ae]
pasta (f)	mapă (f)	['mapə]
catálogo (m)	catalog (n)	[kata'log]
lista (f) telefônica	îndrumar (n)	[indru'mar]
documentação (f)	documentație (f)	[dokumen'tatsie]
brochura (f)	broşură (f)	[bro'ʃurə]
panfleto (m)	foaie (f)	[fo'ae]
amostra (f)	model (n)	[mo'del]
formação (f)	trening (n)	['trening]
reunião (f)	şedinţă (f)	[ʃe'dintsə]
hora (f) de almoço	pauză (f) de prânz	['pauzə de 'prinz]
fazer uma cópia	a face copie	[a 'fatʃe 'kopie]
tirar cópias	a multiplica	[a multipli'ka]
receber um fax	a primi fax	[a pri'mi 'faks]
enviar um fax	a trimite fax	[a tri'mite 'faks]
fazer uma chamada	a suna	[a su'na]

responder (vt)	a răspunde	[a rəs'punde]
passar (vt)	a face legătura	[a 'fatʃe legə'tura]

marcar (vt)	a stabili	[a stabi'li]
demonstrar (vt)	a demonstra	[a demonst'ra]
estar ausente	a lipsi	[a lip'si]
ausência (f)	lipsă (f)	['lipsə]

70. Processos negociais. Parte 1

ocupação (f)	ocupație (f)	[oku'patsie]
firma, empresa (f)	firmă (f)	['firmə]
companhia (f)	companie (f)	[kompa'nie]
corporação (f)	corporație (f)	[korpo'ratsie]
empresa (f)	întreprindere (f)	[intre'prindere]
agência (f)	agenție (f)	[adʒen'tsie]

acordo (documento)	acord (n)	[a'kord]
contrato (m)	contract (n)	[kon'trakt]
acordo (transação)	afacere (f)	[a'fatʃere]
pedido (m)	comandă (f)	[ko'mandə]
termos (m pl)	condiție (f)	[kon'ditsie]

por atacado	en-gros	[an'gro]
por atacado (adj)	en-gros	[an'gro]
venda (f) por atacado	vânzare (f) en-gros	[vin'zare an'gro]
a varejo	cu bucata	[ku bu'kata]
venda (f) a varejo	vânzare (f) cu bucata	[vin'zare ku bu'kata]

concorrente (m)	concurent (m)	[konku'rent]
concorrência (f)	concurență (f)	[konku'rentsə]
competir (vi)	a concura	[a konku'ra]

sócio (m)	partener (m)	[parte'ner]
parceria (f)	parteneriat (n)	[parteneri'at]

crise (f)	criză (f)	['krizə]
falência (f)	faliment (n)	[fali'ment]
entrar em falência	a da faliment	[a da fali'ment]
dificuldade (f)	dificultate (f)	[difikul'tate]
problema (m)	problemă (f)	[pro'blemə]
catástrofe (f)	catastrofă (f)	[katas'trofə]

economia (f)	economie (f)	[ekono'mie]
econômico (adj)	economic	[eko'nomik]
recessão (f) econômica	scădere (f) economică	[skə'dere eko'nomikə]

objetivo (m)	scop (n)	[skop]
tarefa (f)	obiectiv (n)	[objek'tiv]

comerciar (vi, vt)	a face comerţ	[a 'fatʃe ko'merts]
rede (de distribuição)	reţea (f)	[re'tsʲa]
estoque (m)	depozit (n)	[de'pozit]
sortimento (m)	sortiment (n)	[sorti'ment]

líder (m)	lider (m)	['lider]
grande (~ empresa)	mare	['mare]
monopólio (m)	monopol (n)	[mono'pol]

teoria (f)	teorie (f)	[teo'rie]
prática (f)	practică (f)	['praktikə]
experiência (f)	experiență (f)	[ekspe'rjentsə]
tendência (f)	tendință (f)	[ten'dintsə]
desenvolvimento (m)	dezvoltare (f)	[dezvol'tare]

71. Processos negociais. Parte 2

| rentabilidade (f) | profit (n) | [pro'fit] |
| rentável (adj) | profitabil | [profi'tabil] |

delegação (f)	delegație (f)	[dele'gatsie]
salário, ordenado (m)	salariu (n)	[sa'larju]
corrigir (~ um erro)	a corecta	[a korek'ta]
viagem (f) de negócios	deplasare (f)	[depla'sare]
comissão (f)	comisie (f)	[ko'misie]

controlar (vt)	a controla	[a kontro'la]
conferência (f)	conferință (f)	[konfe'rintsə]
licença (f)	licență (f)	[li'tʃentsə]
confiável (adj)	de încredere	[de in'kredere]

empreendimento (m)	început (n)	[intʃe'put]
norma (f)	normă (f)	['normə]
circunstância (f)	circumstanță (f)	[tʃirkum'stantsə]
dever (do empregado)	obligație (f)	[obli'gatsie]

empresa (f)	organizație (f)	[organi'zatsie]
organização (f)	organizare (f)	[organi'zare]
organizado (adj)	organizat	[organi'zat]
anulação (f)	contramandare (f)	[kontraman'dare]
anular, cancelar (vt)	a anula	[a anu'la]
relatório (m)	raport (n)	[ra'port]

patente (f)	brevet (f)	[bre'vet]
patentear (vt)	a breveta	[a breve'ta]
planejar (vt)	a planifica	[a planifi'ka]

bônus (m)	primă (f)	['primə]
profissional (adj)	profesional	[profesio'nal]
procedimento (m)	procedură (f)	[protʃe'durə]

examinar (~ a questão)	a examina	[a ekzami'na]
cálculo (m)	calcul (n)	['kalkul]
reputação (f)	reputație (f)	[repu'tatsie]
risco (m)	risc (n)	[risk]

dirigir (~ uma empresa)	a conduce	[a kon'dutʃe]
informação (f)	informații (f pl)	[infor'matsij]
propriedade (f)	proprietate (f)	[proprie'tate]

união (f)	aliança (f)	[ali'antsə]
seguro (m) de vida	asigurare (f) de viață	[asigu'rare de 'vjatsə]
fazer um seguro	a asigura	[a asigu'ra]
seguro (m)	asigurare (f)	[asigu'rare]

leilão (m)	licitație (f)	[litʃi'tatsie]
notificar (vt)	a înştiința	[a inʃtiin'tsa]
gestão (f)	conducere (f)	[kon'dutʃere]
serviço (indústria de ~s)	serviciu (n)	[ser'vitʃiu]

fórum (m)	for (n)	[for]
funcionar (vi)	a funcționa	[a funktsio'na]
estágio (m)	etapă (f)	[e'tapə]
jurídico, legal (adj)	juridic	[ʒu'ridik]
advogado (m)	jurist (m)	[ʒu'rist]

72. Produção. Trabalhos

usina (f)	uzină (f)	[u'zinə]
fábrica (f)	fabrică (f)	['fabrikə]
oficina (f)	atelier (n)	[ate'ljer]
local (m) de produção	fabricație (f)	[fabri'katsie]

indústria (f)	industrie (f)	[in'dustrie]
industrial (adj)	industrial	[industri'al]
indústria (f) pesada	industrie (f) grea	[in'dustrie gr'a]
indústria (f) ligeira	industrie (f) uşoară	[in'dustrie uʃo'arə]

produção (f)	producție (f)	[pro'duktsie]
produzir (vt)	a produce	[a pro'dutʃe]
matérias-primas (f pl)	materie (f) primă	[ma'terie 'primə]

chefe (m) de obras	şef (m) de brigadă	[ʃef de bri'gadə]
equipe (f)	brigadă (f)	[bri'gadə]
operário (m)	muncitor (m)	[muntʃi'tor]

dia (m) de trabalho	zi (f) lucrătoare	['zi lukrəto'are]
intervalo (m)	pauză (f)	['pauzə]
reunião (f)	adunare (f)	[adu'nare]
discutir (vt)	a discuta	[a disku'ta]

plano (m)	plan (n)	[plan]
cumprir o plano	a îndeplini planul	[a indepli'ni 'planul]
taxa (f) de produção	normă (f)	['normə]
qualidade (f)	calitate (f)	[kali'tate]
controle (m)	control (n)	[kon'trol]
controle (m) da qualidade	controlul (n) calității	[kon'trolul kali'tətsij]

segurança (f) no trabalho	protecția (f) muncii	[pro'tektsija 'muntʃij]
disciplina (f)	disciplină (f)	[distʃi'plinə]
infração (f)	încălcare (f)	[inkəl'kare]
violar (as regras)	a încălca	[a inkəl'ka]
greve (f)	grevă (f)	['grevə]
grevista (m)	grevist (m)	[gre'vist]

estar em greve	a face grevă	[a 'fatʃe 'grevə]
sindicato (m)	sindicat (n)	[sindi'kat]

inventar (vt)	a inventa	[a inven'ta]
invenção (f)	invenţie (f)	[in'ventsie]
pesquisa (f)	cercetare (f)	[tʃertʃe'tare]
melhorar (vt)	a îmbunătăţi	[a imbunətə'tsi]
tecnologia (f)	tehnologie (f)	[tehnolo'dʒie]
desenho (m) técnico	plan (n)	[plan]

carga (f)	încărcătură (f)	[inkərkə'turə]
carregador (m)	hamal (m)	[ha'mal]
carregar (o caminhão, etc.)	a încărca	[a inkər'ka]
carregamento (m)	încărcătură (f)	[inkərkə'turə]
descarregar (vt)	a descărca	[a deskər'ka]
descarga (f)	descărcare (f)	[deskər'kare]

transporte (m)	transport (n)	[trans'port]
companhia (f) de transporte	companie (f) de transport	[kompa'nie de trans'port]
transportar (vt)	a transporta	[a transpor'ta]

vagão (m) de carga	vagon (n) marfar	[va'gon mar'far]
tanque (m)	cisternă (f)	[tʃis'ternə]
caminhão (m)	autocamion (n)	[autoka'mjon]

máquina (f) operatriz	maşină-unealtă (f)	[ma'ʃinə u'nialtə]
mecanismo (m)	mecanism (n)	[meka'nizm]

resíduos (m pl) industriais	deşeuri (n pl)	[de'ʃəuri]
embalagem (f)	ambalare (f)	[amba'lare]
embalar (vt)	a ambala	[a amba'la]

73. Contrato. Acordo

contrato (m)	contract (n)	[kon'trakt]
acordo (m)	contract (f)	[kon'trakt]
adendo, anexo (m)	anexă (f)	[a'neksə]

assinar o contrato	a încheia un contract	[a inke'ja un kon'trakt]
assinatura (f)	semnătură (f)	[semnə'turə]
assinar (vt)	a semna	[a sem'na]
carimbo (m)	ştampilă (f)	[ʃtam'pilə]

objeto (m) do contrato	obiectul (n) contractului	[o'bjektul kon'traktuluj]
cláusula (f)	paragraf (n)	[para'graf]
partes (f pl)	părţi (f pl)	[pərts]
domicílio (m) legal	adresă (f) juridică	[a'dresə ʒu'ridikə]

violar o contrato	a încălca contractul	[a inkəl'ka kon'traktul]
obrigação (f)	obligaţie (f)	[obli'gatsie]
responsabilidade (f)	răspundere (f)	[rəs'pundere]
força (f) maior	forţe (f pl) majore	['fortse ma'ʒore]
litígio (m), disputa (f)	dispută (f)	[dis'putə]
multas (f pl)	sancţiuni (f pl)	[sanktsi'uni]

74. Importação & Exportação

importação (f)	import (n)	[im'port]
importador (m)	importator (m)	[importa'tor]
importar (vt)	a importa	[a impor'ta]
de importação	din import	[din im'port]

exportador (m)	exportator (m)	[eksporta'tor]
exportar (vt)	a exporta	[a ekspor'ta]

mercadoria (f)	marfă (f)	['marfə]
lote (de mercadorias)	lot (n)	[lot]

peso (m)	greutate (f)	[greu'tate]
volume (m)	volum (n)	[vo'lum]
metro (m) cúbico	metru (m) cub	['metru 'kub]

produtor (m)	producător (m)	[produkə'tor]
companhia (f) de transporte	companie (f) de transport	[kompa'nie de trans'port]
contêiner (m)	container (m)	[kon'tajner]

fronteira (f)	graniță (f)	['granitsə]
alfândega (f)	vamă (f)	['vamə]
taxa (f) alfandegária	taxă (f) vamală	['taksə va'malə]
funcionário (m) da alfândega	vameș (m)	['vameʃ]
contrabando (atividade)	contrabandă (f)	[kontra'bandə]
contrabando (produtos)	contrabandă (f)	[kontra'bandə]

75. Finanças

ação (f)	acțiune (f)	[aktsi'une]
obrigação (f)	obligație (f)	[obli'gatsie]
nota (f) promissória	poliță (f)	['politsə]

bolsa (f) de valores	bursă (f)	['bursə]
cotação (m) das ações	cursul (n) acțiunii	['kursul aktsi'unij]

tornar-se mais barato	a se ieftini	[a se efti'ni]
tornar-se mais caro	a se scumpi	[a se skum'pi]

participação (f) majoritária	pachet (n) de control	[pa'ket de kon'trol]
investimento (m)	investiții (f pl)	[inves'titsij]
investir (vt)	a investi	[a inves'ti]
porcentagem (f)	procent (n)	[pro'tʃent]
juros (m pl)	dobândă (f)	[do'bində]

lucro (m)	profit (n)	[pro'fit]
lucrativo (adj)	profitabil	[profi'tabil]
imposto (m)	impozit (n)	[im'pozit]

divisa (f)	valută (f)	[va'lutə]
nacional (adj)	național	[natsio'nal]
câmbio (m)	schimb (n)	[skimb]

| contador (m) | contabil (m) | [kon'tabil] |
| contabilidade (f) | contabilitate (f) | [kontabili'tate] |

falência (f)	faliment (n)	[fali'ment]
falência, quebra (f)	faliment (n)	[fali'ment]
ruína (f)	faliment (n)	[fali'ment]
estar quebrado	a falimenta	[a falimen'ta]
inflação (f)	inflație (f)	[in'flatsie]
desvalorização (f)	devalorizare (f)	[devalori'zare]

capital (m)	capital (n)	[kapi'tal]
rendimento (m)	venit (n)	[ve'nit]
volume (m) de negócios	rotație (f)	[ro'tatsie]
recursos (m pl)	resurse (f pl)	[re'surse]
recursos (m pl) financeiros	mijloace (n pl) bănești	[miʒlo'atʃe bə'neʃti]
reduzir (vt)	a reduce	[a re'dutʃe]

76. Marketing

marketing (m)	marketing (n)	['marketing]
mercado (m)	piață (f)	['pjatsə]
segmento (m) do mercado	segment (n) de piață	[seg'ment de 'pjatsə]
produto (m)	produs (n)	[pro'dus]
mercadoria (f)	marfă (f)	['marfə]

marca (f)	marcă (f)	['markə]
marca (f) registrada	marcă (f) comercială	['markə komertʃi'alə]
logotipo (m)	logotip (n)	[logo'tip]
logo (m)	logo (m)	['logo]

demanda (f)	cerere (f)	['tʃerere]
oferta (f)	ofertă (f)	[o'fertə]
necessidade (f)	necesitate (f)	[netʃesi'tate]
consumidor (m)	consumator (m)	[konsu'mator]

análise (f)	analiză (f)	[ana'lizə]
analisar (vt)	a analiza	[a anali'za]
posicionamento (m)	poziționare (f)	[pozitsio'nare]
posicionar (vt)	a poziționa	[a pozitsio'na]

preço (m)	preț (n)	[prets]
política (f) de preços	politica (f) prețurilor	[po'litika 'pretsurilor]
formação (f) de preços	stabilirea (f) prețurilor	[stabi'lirʲa 'pretsurilor]

77. Publicidade

publicidade (f)	reclamă (f)	[re'klamə]
fazer publicidade	a face reclamă	[a 'fatʃe re'klamə]
orçamento (m)	buget (n)	[bu'dʒet]

| anúncio (m) | reclamă (f) | [re'klamə] |
| publicidade (f) na TV | publicitate (f) TV | [publitʃi'tate te've] |

| publicidade (f) na rádio | publicitate (f) radio | [publitʃi'tate 'radio] |
| publicidade (f) exterior | reclamă (f) exterioară | [re'klamə eksterio'arə] |

comunicação (f) de massa	mass-media (f)	['mas 'media]
periódico (m)	ediție (f) periodică	[e'ditsie peri'odikə]
imagem (f)	imagine (f)	[i'madʒine]

| slogan (m) | lozincă (f) | [lo'zinkə] |
| mote (m), lema (f) | deviză (f) | [de'vizə] |

campanha (f)	campanie (f)	[kam'panie]
campanha (f) publicitária	campanie (f) publicitară	[kam'panie publitʃi'tarə]
grupo (m) alvo	grup (n) țintă	[grup 'tsintə]

cartão (m) de visita	carte (f) de vizită	['karte de 'vizitə]
panfleto (m)	foaie (f)	[fo'ae]
brochura (f)	broșură (f)	[bro'ʃurə]
folheto (m)	pliant (n)	[pli'ant]
boletim (~ informativo)	buletin (n)	[bule'tin]

letreiro (m)	firmă (f)	['firmə]
cartaz, pôster (m)	afiș (n)	[a'fiʃ]
painel (m) publicitário	panou (n)	[pa'nou]

78. Banca

| banco (m) | bancă (f) | ['bankə] |
| balcão (f) | sucursală (f) | [sukur'salə] |

| consultor (m) bancário | consultant (m) | [konsul'tant] |
| gerente (m) | director (m) | [di'rektor] |

conta (f)	cont (n)	[kont]
número (m) da conta	numărul (n) contului	['numərul 'kontuluj]
conta (f) corrente	cont (n) curent	[kont ku'rent]
conta (f) poupança	cont (n) de acumulare	[kont de akumu'lare]

abrir uma conta	a deschide un cont	[a des'kide un kont]
fechar uma conta	a închide contul	[a i'nkide 'kontul]
depositar na conta	a pune în cont	[a 'pune in 'kont]
sacar (vt)	a extrage din cont	[a eks'tradʒe din kont]

depósito (m)	depozit (n)	[de'pozit]
fazer um depósito	a depune	[a de'pune]
transferência (f) bancária	transfer (n)	[trans'fer]
transferir (vt)	a transfera	[a transfe'ra]

| soma (f) | sumă (f) | ['sumə] |
| Quanto? | Cât? | [kit] |

assinatura (f)	semnătură (f)	[semnə'turə]
assinar (vt)	a semna	[a sem'na]
cartão (m) de crédito	carte (f) de credit	['karte de 'kredit]
senha (f)	cod (n)	[kod]

| número (m) do cartão de crédito | **numărul** (n) **cărţii de credit** | ['numərul kərtsij de 'kredit] |
| caixa (m) eletrônico | **bancomat** (n) | [banko'mat] |

cheque (m)	**cec** (n)	[ʧek]
passar um cheque	**a scrie un cec**	[a 'skrie un ʧek]
talão (m) de cheques	**carte** (f) **de cecuri**	['karte de 'ʧekurʲ]

empréstimo (m)	**credit** (n)	['kredit]
pedir um empréstimo	**a solicita un credit**	[a soliʧi'ta pe 'kredit]
obter empréstimo	**a lua pe credit**	[a lu'a pe 'kredit]
dar um empréstimo	**a acorda credit**	[a akor'da 'kredit]
garantia (f)	**garanţie** (f)	[garan'tsie]

79. Telefone. Conversação telefônica

telefone (m)	**telefon** (n)	[tele'fon]
celular (m)	**telefon** (n) **mobil**	[tele'fon mo'bil]
secretária (f) eletrônica	**răspuns** (n) **automat**	[rəs'puns auto'mat]

| fazer uma chamada | **a suna, a telefona** | [a su'na], [a tele'fona] |
| chamada (f) | **apel** (n), **convorbire** (f) | [a'pel], [konvor'bire] |

discar um número	**a forma un număr**	[a for'ma un 'numər]
Alô!	**Alo!**	[a'lo]
perguntar (vt)	**a întreba**	[a intre'ba]
responder (vt)	**a răspunde**	[a rəs'punde]

ouvir (vt)	**a auzi**	[a au'zi]
bem	**bine**	['bine]
mal	**rău**	['rəu]
ruído (m)	**bruiaj** (n)	[bru'jaʒ]
fone (m)	**receptor** (n)	[reʧep'tor]
pegar o telefone	**a lua receptorul**	[a lu'a reʧep'torul]
desligar (vi)	**a pune receptorul**	[a 'pune reʧep'torul]

ocupado (adj)	**ocupat**	[oku'pat]
tocar (vi)	**a suna**	[a su'na]
lista (f) telefônica	**carte** (f) **de telefon**	['karte de tele'fon]

local (adj)	**local**	[lo'kal]
chamada (f) local	**apel** (n) **local**	[a'pel lo'kal]
de longa distância	**interurban**	[interur'ban]
chamada (f) de longa distância	**apel** (n) **interurban**	[a'pel interur'ban]
internacional (adj)	**internaţional**	[internatsio'nal]
chamada (f) internacional	**apel** (n) **interna ional**	[a'pel internatsio'nal]

80. Telefone móvel

| celular (m) | **telefon** (n) **mobil** | [tele'fon mo'bil] |
| tela (f) | **ecran** (n) | [e'kran] |

| botão (m) | buton (n) | [bu'ton] |
| cartão SIM (m) | cartelă (f) SIM | [kar'telə 'sim] |

bateria (f)	baterie (f)	[bate'rie]
descarregar-se (vr)	a se descărca	[a se deskər'ka]
carregador (m)	încărcător (m)	[inkərkə'tor]

menu (m)	meniu (n)	[me'nju]
configurações (f pl)	setări (f)	[se'tər']
melodia (f)	melodie (f)	[melo'die]
escolher (vt)	a selecta	[a selek'ta]

calculadora (f)	calculator (n)	[kalkula'tor]
correio (m) de voz	răspuns (n) automat	[rəs'puns auto'mat]
despertador (m)	ceas (n) deşteptător	[tʃas deʃteptə'tor]
contatos (m pl)	carte (f) de telefoane	['karte de telefo'ane]

| mensagem (f) de texto | SMS (n) | [ese'mes] |
| assinante (m) | abonat (m) | [abo'nat] |

81. Estacionário

| caneta (f) | stilou (n) | [sti'lou] |
| caneta (f) tinteiro | condei (n) | [kon'dej] |

lápis (m)	creion (n)	[kre'jon]
marcador (m) de texto	marcher (n)	['marker]
caneta (f) hidrográfica	carioсă (f)	[kari'okə]

| bloco (m) de notas | carneţel (n) | [karnə'tsəl] |
| agenda (f) | agendă (f) | [a'dʒendə] |

régua (f)	riglă (f)	['riglə]
calculadora (f)	calculator (f)	[kalkula'tor]
borracha (f)	radieră (f)	[radi'erə]
alfinete (m)	piuneză (f)	[pju'nezə]
clipe (m)	clamă (f)	['klamə]

cola (f)	lipici (n)	[li'pitʃi]
grampeador (m)	capsator (n)	[kapsa'tor]
furador (m) de papel	perforator (n)	[perfo'rator]
apontador (m)	ascuţitoare (f)	[askutsito'are]

82. Tipos de negócios

| serviços (m pl) de contabilidade | servicii (n pl) de contabilitate | [ser'vitʃij de kontabili'tate] |

publicidade (f)	reclamă (f)	[re'klamə]
agência (f) de publicidade	agenţie (f) de reclamă	[adʒen'tsie de re'klamə]
ar (m) condicionado	ventilator (n)	[ventila'tor]
companhia (f) aérea	companie (f) aeriană	[kompa'nie aeri'anə]
bebidas (f pl) alcoólicas	băuturi (f pl) alcoolice	[bəu'tur' alko'olitʃe]

comércio (m) de antiguidades	anticariat (n)	[antikari'at]
galeria (f) de arte	galerie (f)	[gale'rie]
serviços (m pl) de auditoria	servicii (n pl) de audit	[ser'vitʃij de au'dit]

negócios (m pl) bancários	afacere (f) bancară	[a'fatʃere ba'nkarə]
bar (m)	bar (n)	[bar]
salão (m) de beleza	salon (n) de frumusețe	[sa'lon de frumu'setse]
livraria (f)	librărie (f)	[librə'rie]
cervejaria (f)	fabricarea (f) berii	[fabri'karʲa 'berij]
centro (m) de escritórios	centru (n) de afaceri	['tʃentru de a'fatʃerʲ]
escola (f) de negócios	şcoală (f) de afaceri	[ʃko'alə de a'fatʃerʲ]

cassino (m)	cazinou (n)	[kazi'nou]
construção (f)	construcție (f)	[kon'struktsie]
consultoria (f)	consulting (n)	[kon'salting]

clínica (f) dentária	stomatologie (f)	[stomatolo'dʒie]
design (m)	design (n)	[di'zajn]
drogaria (f)	farmacie (f)	[farma'tʃie]
lavanderia (f)	curățătorie (f) chimică	[kurətsəto'rie 'kimikə]
agência (f) de emprego	agenție (f) de cadre	[adʒen'tsie de 'kadre]

serviços (m pl) financeiros	servicii (n pl) financiare	[ser'vitʃij finantʃi'are]
alimentos (m pl)	produse (n pl) alimentare	[pro'duse alimen'tare]
funerária (f)	pompe (f pl) funebre	['pompe fu'nebre]
mobiliário (m)	mobilă (f)	['mobilə]
roupa (f)	haine (f pl)	['hajne]
hotel (m)	hotel (n)	[ho'tel]

sorvete (m)	înghețată (f)	[inge'tsatə]
indústria (f)	industrie (f)	[in'dustrie]
seguro (~ de vida, etc.)	asigurare (f) medicală	[asigu'rare medi'kalə]
internet (f)	internet (n)	[inter'net]
investimento (m)	investiții (f pl)	[inves'titsij]

joalheiro (m)	bijutier (m)	[biʒu'tjer]
joias (f pl)	bijuterii (f pl)	[biʒute'rij]
lavanderia (f)	spălătorie (f)	[spələto'rie]
assessorias (f pl) jurídicas	servicii (n pl) juridice	[ser'vitʃij ʒu'riditʃe]
indústria (f) ligeira	industrie (f) uşoară	[in'dustrie uʃo'arə]

revista (f)	revistă (f)	[re'vistə]
vendas (f pl) por catálogo	vânzare (f) după catalog	[vin'zare 'dupə kata'log]
medicina (f)	medicină (f)	[medi'tʃinə]
cinema (m)	cinematograf (n)	[tʃinemato'graf]
museu (m)	muzeu (n)	[mu'zeu]

agência (f) de notícias	birou (n) de informații	[bi'rou de infor'matsij]
jornal (m)	ziar (n)	[zjar]
boate (casa noturna)	club (n) de noapte	['klub de no'apte]

petróleo (m)	petrol (n)	[pe'trol]
serviços (m pl) de remessa	curierat (n)	[kurie'rat]
indústria (f) farmacêutica	farmaceutică (f)	[farmatʃe'utikə]
tipografia (f)	poligrafie (f)	[poligra'fie]
editora (f)	editură (f)	[edi'turə]

rádio (m)	radio (n)	['radio]
imobiliário (m)	bunuri (n pl) imobiliare	['bunurⁱ imobili'are]
restaurante (m)	restaurant (n)	[restau'rant]
empresa (f) de segurança	agenție (f) de pază	[adȝen'tsie de 'pazə]
esporte (m)	sport (n)	[sport]
bolsa (f) de valores	bursă (f)	['bursə]
loja (f)	magazin (n)	[maga'zin]
supermercado (m)	supermarket (n)	[super'market]
piscina (f)	bazin (n)	[ba'zin]
alfaiataria (f)	atelier (n)	[ate'ljer]
televisão (f)	televiziune (f)	[televizi'une]
teatro (m)	teatru (n)	[te'atru]
comércio (m)	comerț (n)	[ko'merts]
serviços (m pl) de transporte	transporturi (n)	[trans'porturⁱ]
viagens (f pl)	turism (n)	[tu'rism]
veterinário (m)	veterinar (m)	[veteri'nar]
armazém (m)	depozit (n)	[de'pozit]
recolha (f) do lixo	transportarea (f) deșeurilor	[transpor'tarⁱa de'ʃəurilor]

75

Emprego. Negócios. Parte 2

83. Espetáculo. Feira

feira, exposição (f)	expoziție (f)	[ekspo'zitsie]
feira (f) comercial	expoziție (f) de comerț	[ekspo'zitsie de ko'merts]
participação (f)	participare (f)	[partitʃi'pare]
participar (vi)	a participa	[a partitʃi'pa]
participante (m)	participant (m)	[partitʃi'pant]
diretor (m)	director (m)	[di'rektor]
direção (f)	direcție (f)	[di'rektsie]
organizador (m)	organizator (m)	[organiza'tor]
organizar (vt)	a organiza	[a organi'za]
ficha (f) de inscrição	cerere (f) de participare	['tʃerere de partitʃi'pare]
preencher (vt)	a completa	[a komple'ta]
detalhes (m pl)	detalii (n pl)	[de'talij]
informação (f)	informație (f)	[infor'matsie]
preço (m)	preț (n)	[prets]
incluindo	inclusiv	[inklu'siv]
incluir (vt)	a include	[a in'klude]
pagar (vt)	a plăti	[a plə'ti]
taxa (f) de inscrição	tarif (n) de înregistrare	[tarif de inredʒis'trare]
entrada (f)	intrare (f)	[in'trare]
pavilhão (m), salão (f)	pavilion (n)	[pavili'on]
inscrever (vt)	a înscrie	[a in'skrie]
crachá (m)	ecuson (n)	[eku'son]
stand (m)	stand (n)	[stand]
reservar (vt)	a rezerva	[a rezer'va]
vitrine (f)	vitrină (f)	[vi'trinə]
lâmpada (f)	corp (n) de iluminat	['korp de ilumi'nat]
design (m)	design (n)	[di'zajn]
pôr (posicionar)	a instala	[a insta'la]
distribuidor (m)	distribuitor (m)	[distribui'tor]
fornecedor (m)	furnizor (m)	[furni'zor]
país (m)	țară (f)	['tsarə]
estrangeiro (adj)	străin	[strə'in]
produto (m)	produs (n)	[pro'dus]
associação (f)	asociație (f)	[asotʃi'atsie]
sala (f) de conferência	sală (f) de conferințe	['salə de konfe'rintse]
congresso (m)	congres (n)	[kon'gres]

concurso (m)	concurs (n)	[ko'nkurs]
visitante (m)	vizitator (m)	[vizita'tor]
visitar (vt)	a vizita	[a vizi'ta]
cliente (m)	client (m)	[kli'ent]

84. Ciência. Investigação. Cientistas

ciência (f)	știință (f)	[ʃti'intsə]
científico (adj)	științific	[ʃtiin'tsifik]
cientista (m)	savant (m)	[sa'vant]
teoria (f)	teorie (f)	[teo'rie]
axioma (m)	axiomă (f)	[aksi'omə]
análise (f)	analiză (f)	[ana'lizə]
analisar (vt)	a analiza	[a anali'za]
argumento (m)	argument (n)	[argu'ment]
substância (f)	substanță (f)	[sub'stantsə]
hipótese (f)	ipoteză (f)	[ipo'tezə]
dilema (m)	dilemă (f)	[di'lemə]
tese (f)	disertație (f)	[diser'tatsie]
dogma (m)	dogmă (f)	['dogmə]
doutrina (f)	doctrină (f)	[dok'trinə]
pesquisa (f)	cercetare (f)	[tʃertʃe'tare]
pesquisar (vt)	a cerceta	[a tʃertʃe'ta]
testes (m pl)	verificare (f)	[verifi'kare]
laboratório (m)	laborator (n)	[labora'tor]
método (m)	metodă (f)	[me'todə]
molécula (f)	moleculă (f)	[mole'kulə]
monitoramento (m)	monitorizare (n)	[monitori'zare]
descoberta (f)	descoperire (f)	[deskope'rire]
postulado (m)	postulat (n)	[postu'lat]
princípio (m)	principiu (n)	[prin'tʃipju]
prognóstico (previsão)	prognoză (f)	[prog'nozə]
prognosticar (vt)	a prognoza	[a progno'za]
síntese (f)	sinteză (f)	[sin'tezə]
tendência (f)	tendință (f)	[ten'dintsə]
teorema (m)	teoremă (f)	[teo'remə]
ensinamentos (m pl)	învățătură (f)	[invətsə'turə]
fato (m)	fapt (n)	[fapt]
expedição (f)	expediție (f)	[ekspe'ditsie]
experiência (f)	experiment (n)	[eksperi'ment]
acadêmico (m)	academician (m)	[akdemi'tʃian]
bacharel (m)	bacalaureat (n)	[bakalaure'at]
doutor (m)	doctor (m)	['doktor]
professor (m) associado	docent (m)	[do'tʃent]
mestrado (m)	magistru (m)	[ma'dʒistru]
professor (m)	profesor (m)	[pro'fesor]

Profissões e ocupações

85. Procura de emprego. Demissão

trabalho (m)	serviciu (n)	[ser'vitʃiu]
equipe (f)	cadre (n pl)	['kadre]
carreira (f)	carieră (f)	[ka'rjerə]
perspectivas (f pl)	perspectivă (f)	[perspek'tivə]
habilidades (f pl)	îndemânare (f)	[indemi'nare]
seleção (f)	alegere (f)	[a'ledʒere]
agência (f) de emprego	agenţie (f) de cadre	[adʒen'tsie de 'kadre]
currículo (m)	CV (n)	[si'vi]
entrevista (f) de emprego	interviu (n)	[inter'vju]
vaga (f)	post (n) vacant	['post va'kant]
salário (m)	salariu (n)	[sa'larju]
salário (m) fixo	salariu (n)	[sa'larju]
pagamento (m)	plată (f)	['platə]
cargo (m)	funcţie (f)	['funktsie]
dever (do empregado)	obligaţie (f)	[obli'gatsie]
gama (f) de deveres	domeniu (n)	[do'menju]
ocupado (adj)	ocupat	[oku'pat]
despedir, demitir (vt)	a concedia	[a kontʃedi'a]
demissão (f)	concediere (f)	[kontʃe'djere]
desemprego (m)	şomaj (n)	[ʃo'maʒ]
desempregado (m)	şomer (m)	[ʃo'mer]
aposentadoria (f)	pensie (f)	['pensie]
aposentar-se (vr)	a se pensiona	[a se pensio'na]

86. Gente de negócios

diretor (m)	director (m)	[di'rektor]
gerente (m)	administrator (m)	[adminis'trator]
patrão, chefe (m)	conducător (m)	[kondukə'tor]
superior (m)	şef (m)	[ʃef]
superiores (m pl)	conducere (f)	[kon'dutʃere]
presidente (m)	preşedinte (m)	[preʃə'dinte]
chairman (m)	preşedinte (m)	[preʃə'dinte]
substituto (m)	adjunct (m)	[a'dʒunkt]
assistente (m)	asistent (m)	[asis'tent]
secretário (m)	secretar (m)	[sekre'tar]

secretário (m) pessoal	secretar (m) personal	[sekre'tar perso'nal]
homem (m) de negócios	om (m) de afaceri	[om de a'fatʃerⁱ]
empreendedor (m)	întreprinzător (m)	[întreprinzə'tor]
fundador (m)	fondator (m)	[fonda'tor]
fundar (vt)	a fonda	[a fon'da]

principiador (m)	fondator (m)	[fonda'tor]
parceiro, sócio (m)	partener (m)	[parte'ner]
acionista (m)	acționar (m)	[aktsio'nar]

milionário (m)	milionar (m)	[milio'nar]
bilionário (m)	miliardar (n)	[miliar'dar]
proprietário (m)	proprietar (m)	[proprie'tar]
proprietário (m) de terras	proprietar (m) funciar	[proprie'tar funtʃi'ar]

cliente (m)	client (m)	[kli'ent]
cliente (m) habitual	client (m) fidel	[kli'ent fi'del]
comprador (m)	cumpărător (m)	[kumpərə'tor]
visitante (m)	vizitator (m)	[vizita'tor]

profissional (m)	profesionist (m)	[profesio'nist]
perito (m)	expert (m)	[eks'pert]
especialista (m)	specialist (m)	[spetʃia'list]

| banqueiro (m) | bancher (m) | [ban'ker] |
| corretor (m) | broker (m) | ['broker] |

caixa (m, f)	casier (m)	[ka'sjer]
contador (m)	contabil (f)	[kon'tabil]
guarda (m)	paznic (m)	['paznik]

investidor (m)	investitor (m)	[investi'tor]
devedor (m)	datornic (m)	[da'tornik]
credor (m)	creditor (m)	[kredi'tor]
mutuário (m)	datornic (m)	[da'tornik]

| importador (m) | importator (m) | [importa'tor] |
| exportador (m) | exportator (m) | [eksporta'tor] |

produtor (m)	producător (m)	[produkə'tor]
distribuidor (m)	distribuitor (m)	[distribui'tor]
intermediário (m)	intermediar (m)	[intermedi'ar]

consultor (m)	consultant (m)	[konsul'tant]
representante comercial	reprezentant (m)	[reprezen'tant]
agente (m)	agent (m)	[a'dʒent]
agente (m) de seguros	agent (m) de asigurare	[a'dʒent de asigu'rare]

87. Profissões de serviços

cozinheiro (m)	bucătar (m)	[bukə'tar]
chefe (m) de cozinha	bucătar-șef (m)	[bukə'tar 'ʃəf]
padeiro (m)	brutar (m)	[bru'tar]
barman (m)	barman (m)	['barman]

| garçom (m) | chelner (m) | ['kelner] |
| garçonete (f) | chelneriță (f) | [kelne'ritsə] |

advogado (m)	avocat (m)	[avo'kat]
jurista (m)	jurist (m)	[ʒu'rist]
notário (m)	notar (m)	[no'tar]

eletricista (m)	electrician (m)	[elektritʃi'an]
encanador (m)	instalator (m)	[instala'tor]
carpinteiro (m)	dulgher (m)	[dul'ger]

massagista (m)	masor (m)	[ma'sor]
massagista (f)	masează (f)	[ma'sezə]
médico (m)	medic (m)	['medik]

taxista (m)	taximetrist (m)	[taksime'trist]
condutor (automobilista)	şofer (m)	[ʃo'fer]
entregador (m)	curier (m)	[ku'rjer]

camareira (f)	femeie (f) de serviciu	[fe'mee de ser'vitʃiu]
guarda (m)	paznic (m)	['paznik]
aeromoça (f)	stewardesă (f)	[stjuar'desə]

professor (m)	profesor (m)	[pro'fesor]
bibliotecário (m)	bibliotecar (m)	[bibliote'kar]
tradutor (m)	traducător (m)	[traduke'tor]
intérprete (m)	interpret (m)	[inter'pret]
guia (m)	ghid (m)	[gid]

cabeleireiro (m)	frizer (m)	[fri'zer]
carteiro (m)	poştaş (m)	[poʃ'taʃ]
vendedor (m)	vânzător (m)	[vinzə'tor]

jardineiro (m)	grădinar (m)	[grədi'nar]
criado (m)	servitor (m)	[servi'tor]
criada (f)	servitoare (f)	[servito'are]
empregada (f) de limpeza	femeie (f) de serviciu	[fe'mee de ser'vitʃiu]

88. Profissões militares e postos

soldado (m) raso	soldat (m)	[sol'dat]
sargento (m)	sergent (m)	[ser'dʒent]
tenente (m)	locotenent (m)	[lokote'nent]
capitão (m)	căpitan (m)	[kəpi'tan]

major (m)	maior (m)	[ma'jor]
coronel (m)	colonel (m)	[kolo'nel]
general (m)	general (m)	[dʒene'ral]
marechal (m)	mareşal (m)	[mare'ʃal]
almirante (m)	amiral (m)	[ami'ral]

militar (m)	militar (m)	[mili'tar]
soldado (m)	soldat (m)	[sol'dat]
oficial (m)	ofiţer (m)	[ofi'tser]

comandante (m)	comandant (m)	[koman'dant]
guarda (m) de fronteira	grănicer (m)	[grəni'tʃer]
operador (m) de rádio	radist (m)	[ra'dist]
explorador (m)	cercetaş (m)	[tʃertʃe'taʃ]
sapador-mineiro (m)	genist (m)	[dʒe'nist]
atirador (m)	trăgător (m)	[trəgə'tor]
navegador (m)	navigator (m)	[naviga'tor]

89. Oficiais. Padres

| rei (m) | rege (m) | ['redʒe] |
| rainha (f) | regină (f) | [re'dʒinə] |

| príncipe (m) | prinţ (m) | [prints] |
| princesa (f) | prinţesă (f) | [prin'tsesə] |

| czar (m) | ţar (m) | [tsar] |
| czarina (f) | ţarină (f) | [tsa'rinə] |

presidente (m)	preşedinte (m)	[preʃə'dinte]
ministro (m)	ministru (m)	[mi'nistru]
primeiro-ministro (m)	prim-ministru (m)	['prim mi'nistru]
senador (m)	senator (m)	[sena'tor]

diplomata (m)	diplomat (m)	[diplo'mat]
cônsul (m)	consul (m)	['konsul]
embaixador (m)	ambasador (m)	[ambasa'dor]
conselheiro (m)	consilier (m)	[konsi'ljer]

funcionário (m)	funcţionar (m)	[funktsio'nar]
prefeito (m)	prefect (m)	[pre'fekt]
Presidente (m) da Câmara	primar (m)	[pri'mar]

| juiz (m) | judecător (m) | [ʒudekə'tor] |
| procurador (m) | procuror (m) | [proku'ror] |

missionário (m)	misionar (m)	[misio'nar]
monge (m)	călugăr (m)	[kə'lugər]
abade (m)	abate (m)	[a'bate]
rabino (m)	rabin (m)	[ra'bin]

vizir (m)	vizir (m)	[vi'zir]
xá (m)	şah (m)	[ʃah]
xeique (m)	şeic (m)	['ʃejk]

90. Profissões agrícolas

abelheiro (m)	apicultor (m)	[apikul'tor]
pastor (m)	păstor (m)	[pəs'tor]
agrônomo (m)	agronom (m)	[agro'nom]
criador (m) de gado	zootehnician (m)	[zootehnitʃi'an]
veterinário (m)	veterinar (m)	[veteri'nar]

agricultor, fazendeiro (m)	fermier (m)	[fer'mjer]
vinicultor (m)	vinificator (m)	[vinifika'tor]
zoólogo (m)	zoolog (m)	[zoo'log]
vaqueiro (m)	cowboy (m)	['kauboj]

91. Profissões artísticas

ator (m)	actor (m)	[ak'tor]
atriz (f)	actriţă (f)	[ak'tritsə]
cantor (m)	cântăreţ (m)	[kintə'rets]
cantora (f)	cântăreaţă (f)	[kintə'rʲatsə]
bailarino (m)	dansator (m)	[dansa'tor]
bailarina (f)	dansatoare (f)	[dansato'are]
artista (m)	artist (m)	[ar'tist]
artista (f)	artistă (f)	[ar'tistə]
músico (m)	muzician (m)	[muzitʃi'an]
pianista (m)	pianist (m)	[pia'nist]
guitarrista (m)	chitarist (m)	[kita'rist]
maestro (m)	dirijor (m)	[diri'ʒor]
compositor (m)	compozitor (m)	[kompo'zitor]
empresário (m)	impresar (m)	[impre'sar]
diretor (m) de cinema	regizor (m)	[re'dʒizor]
produtor (m)	producător (m)	[produkə'tor]
roteirista (m)	scenarist (m)	[stʃena'rist]
crítico (m)	critic (m)	['kritik]
escritor (m)	scriitor (m)	[skrii'tor]
poeta (m)	poet (m)	[po'et]
escultor (m)	sculptor (m)	['skulptor]
pintor (m)	pictor (m)	['piktor]
malabarista (m)	jongler (m)	[ʒon'gler]
palhaço (m)	clovn (m)	[klovn]
acrobata (m)	acrobat (m)	[akro'bat]
ilusionista (m)	magician (m)	[madʒitʃi'an]

92. Várias profissões

médico (m)	medic (m)	['medik]
enfermeira (f)	asistentă (f) medicală	[asis'tentə medi'kalə]
psiquiatra (m)	psihiatru (m)	[psihi'atru]
dentista (m)	stomatolog (m)	[stomato'log]
cirurgião (m)	chirurg (m)	[ki'rurg]
astronauta (m)	astronaut (m)	[astrona'ut]
astrônomo (m)	astronom (m)	[astro'nom]

piloto (m)	pilot (m)	[pi'lot]
motorista (m)	şofer (m)	[ʃo'fer]
maquinista (m)	maşinist (m)	[maʃi'nist]
mecânico (m)	mecanic (m)	[me'kanik]
mineiro (m)	miner (m)	[mi'ner]
operário (m)	muncitor (m)	[muntʃi'tor]
serralheiro (m)	lăcătuş (m)	[ləkə'tuʃ]
marceneiro (m)	tâmplar (m)	[tim'plar]
torneiro (m)	strungar (m)	[strun'gar]
construtor (m)	constructor (m)	[kon'struktor]
soldador (m)	sudor (m)	[su'dor]
professor (m)	profesor (m)	[pro'fesor]
arquiteto (m)	arhitect (m)	[arhi'tekt]
historiador (m)	istoric (m)	[is'torik]
cientista (m)	savant (m)	[sa'vant]
físico (m)	fizician (m)	[fizitʃi'an]
químico (m)	chimist (m)	[ki'mist]
arqueólogo (m)	arheolog (m)	[arheo'log]
geólogo (m)	geolog (m)	[dʒeo'log]
pesquisador (cientista)	cercetător (m)	[tʃertʃetə'tor]
babysitter, babá (f)	dădacă (f)	[də'dakə]
professor (m)	pedagog (m)	[peda'gog]
redator (m)	redactor (m)	[re'daktor]
redator-chefe (m)	redactor-şef (m)	[re'daktor 'ʃef]
correspondente (m)	corespondent (m)	[korespon'dent]
datilógrafa (f)	dactilografă (f)	[daktilo'grafə]
designer (m)	designer (m)	[di'zajner]
especialista (m)	operator (m)	[opera'tor]
em informática		
programador (m)	programator (m)	[programa'tor]
engenheiro (m)	inginer (m)	[indʒi'ner]
marujo (m)	marinar (m)	[mari'nar]
marinheiro (m)	marinar (m)	[mari'nar]
socorrista (m)	salvator (m)	[salva'tor]
bombeiro (m)	pompier (m)	[pom'pjer]
polícia (m)	poliţist (m)	[poli'ʦist]
guarda-noturno (m)	paznic (m)	['paznik]
detetive (m)	detectiv (m)	[detek'tiv]
funcionário (m) da alfândega	vameş (m)	['vameʃ]
guarda-costas (m)	gardă (f) de corp	['gardə de 'korp]
guarda (m) prisional	supraveghetor (m)	[supravege'tor]
inspetor (m)	inspector (m)	[in'spektor]
esportista (m)	sportiv (m)	[spor'tiv]
treinador (m)	antrenor (m)	[antre'nor]
açougueiro (m)	măcelar (m)	[mətʃe'lar]
sapateiro (m)	cizmar (m)	[ʧiz'mar]

| comerciante (m) | comerciant (m) | [komertʃi'ant] |
| carregador (m) | hamal (m) | [ha'mal] |

| estilista (m) | modelier (n) | [mode'ljer] |
| modelo (f) | model (n) | [mo'del] |

93. Ocupações. Estatuto social

| estudante (~ de escola) | elev (m) | [e'lev] |
| estudante (~ universitária) | student (m) | [stu'dent] |

filósofo (m)	filozof (m)	[filo'zof]
economista (m)	economist (m)	[ekono'mist]
inventor (m)	inventator (m)	[inventa'tor]

desempregado (m)	şomer (m)	[ʃo'mer]
aposentado (m)	pensionar (m)	[pensio'nar]
espião (m)	spion (m)	[spi'on]

preso, prisioneiro (m)	arestat (m)	[ares'tat]
grevista (m)	grevist (m)	[gre'vist]
burocrata (m)	birocrat (m)	[biro'krat]
viajante (m)	călător (m)	[kələ'tor]

| homossexual (m) | homosexual (m) | [homoseksu'al] |
| hacker (m) | hacker (m) | ['haker] |

bandido (m)	bandit (m)	[ban'dit]
assassino (m)	asasin (m) plătit	[asa'sin plə'tit]
drogado (m)	narcoman (m)	[narko'man]
traficante (m)	vânzător (m) de droguri	[vinzə'tor de 'droguri]
prostituta (f)	prostituată (f)	[prostitu'atə]
cafetão (m)	proxenet (m)	[prokse'net]

bruxo (m)	vrăjitor (m)	[vrəʒi'tor]
bruxa (f)	vrăjitoare (f)	[vrəʒito'are]
pirata (m)	pirat (m)	[pi'rat]
escravo (m)	rob (m)	[rob]
samurai (m)	samurai (m)	[samu'raj]
selvagem (m)	sălbatic (m)	[səl'batik]

Educação

94. Escola

escola (f)	şcoală (f)	[ʃko'alə]
diretor (m) de escola	director (m)	[di'rektor]
aluno (m)	elev (m)	[e'lev]
aluna (f)	elevă (f)	[e'levə]
estudante (m)	elev (m)	[e'lev]
estudante (f)	elevă (f)	[e'levə]
ensinar (vt)	a învăța	[a invə'tsa]
aprender (vt)	a învăța	[a invə'tsa]
decorar (vt)	a învăța pe de rost	[a invə'tsa pe de rost]
estudar (vi)	a învăța	[a invə'tsa]
estar na escola	a merge la şcoală	[a 'merdʒe la ʃko'alə]
ir à escola	a merge la şcoală	[a 'merdʒe la ʃko'alə]
alfabeto (m)	alfabet (n)	[alfa'bet]
disciplina (f)	disciplină (f)	[distʃi'plinə]
sala (f) de aula	clasă (f)	['klasə]
lição, aula (f)	lecție (f)	['lektsie]
recreio (m)	recreație (f)	[rekre'atsie]
toque (m)	sunet (n)	['sunet]
classe (f)	bancă (f)	['bankə]
quadro (m) negro	tablă (f)	['tablə]
nota (f)	notă (f)	['notə]
boa nota (f)	notă (f) bună	['notə 'bunə]
nota (f) baixa	notă (f) rea	['notə rʲa]
dar uma nota	a pune notă	[a 'pune 'notə]
erro (m)	greşeală (f)	[gre'ʃalə]
errar (vi)	a greşi	[a gre'ʃi]
corrigir (~ um erro)	a corecta	[a korek'ta]
cola (f)	fițuică (f)	[fi'tsujkə]
dever (m) de casa	temă (f) pentru acasă	['temə 'pentru a'kasə]
exercício (m)	exercițiu (n)	[egzer'tʃitsju]
estar presente	a fi prezent	[a fi pre'zent]
estar ausente	a lipsi	[a lip'si]
punir (vt)	a pedepsi	[a pedep'si]
punição (f)	pedeapsă (f)	[pe'dʲapsə]
comportamento (m)	comportament (n)	[komporta'ment]

boletim (m) escolar	agendă (f)	[a'dʒendə]
lápis (m)	creion (n)	[kre'jon]
borracha (f)	radieră (f)	[radi'erə]
giz (m)	cretă (f)	['kretə]
porta-lápis (m)	penar (n)	[pe'nar]

mala, pasta, mochila (f)	ghiozdan (n)	[goz'dan]
caneta (f)	pix (n)	[piks]
caderno (m)	caiet (n)	[ka'et]
livro (m) didático	manual (n)	[manu'al]
compasso (m)	compas (n)	[kom'pas]

traçar (vt)	a schiţa	[a ski'tsa]
desenho (m) técnico	plan (n)	[plan]

poesia (f)	poezie (f)	[poe'zie]
de cor	pe de rost	[pe de rost]
decorar (vt)	a învăţa pe de rost	[a invə'tsa pe de rost]

férias (f pl)	vacanţă (f)	[va'kantsə]
estar de férias	a fi în vacanţă	[a fi in va'kantsə]

teste (m), prova (f)	lucrare (f) de control	[lu'krare de kon'trol]
redação (f)	compunere (f)	[kom'punere]
ditado (m)	dictare (f)	[dik'tare]

exame (m), prova (f)	examen (n)	[e'gzamen]
fazer prova	a da examene	[a da e'gzamene]
experiência (~ química)	experiment (f)	[eksperi'ment]

95. Colégio. Universidade

academia (f)	academie (f)	[akade'mie]
universidade (f)	universitate (f)	[universi'tate]
faculdade (f)	facultate (f)	[fakul'tate]

estudante (m)	student (m)	[stu'dent]
estudante (f)	studentă (f)	[stu'dentə]
professor (m)	profesor (m)	[pro'fesor]

auditório (m)	aulă (f)	[a'ulə]
graduado (m)	absolvent (m)	[absol'vent]

diploma (m)	diplomă (f)	['diplomə]
tese (f)	disertaţie (f)	[diser'tatsie]

estudo (obra)	cercetare (f)	[tʃertʃe'tare]
laboratório (m)	laborator (n)	[labora'tor]

palestra (f)	prelegere (f)	[pre'ledʒere]
colega (m) de curso	coleg (m) de an	[ko'leg de an]

bolsa (f) de estudos	bursă (f)	['bursə]
grau (m) acadêmico	titlu (n) ştiinţific	['titlu ʃtiin'tsifik]

96. Ciências. Disciplinas

matemática (f)	matematică (f)	[mate'matikə]
álgebra (f)	algebră (f)	[al'dʒebrə]
geometria (f)	geometrie (f)	[dʒeome'trie]
astronomia (f)	astronomie (f)	[astrono'mie]
biologia (f)	biologie (f)	[biolo'dʒie]
geografia (f)	geografie (f)	[dʒeogra'fie]
geologia (f)	geologie (f)	[dʒeolo'dʒie]
história (f)	istorie (f)	[is'torie]
medicina (f)	medicină (f)	[medi'ʧinə]
pedagogia (f)	pedagogie (f)	[pedago'dʒie]
direito (m)	drept (n)	[drept]
física (f)	fizică (f)	['fizikə]
química (f)	chimie (f)	[ki'mie]
filosofia (f)	filozofie (f)	[filozo'fie]
psicologia (f)	psihologie (f)	[psiholo'dʒie]

97. Sistema de escrita. Ortografia

gramática (f)	gramatică (f)	[gra'matikə]
vocabulário (m)	lexic (n)	['leksik]
fonética (f)	fonetică (f)	[fo'netikə]
substantivo (m)	substantiv (n)	[substan'tiv]
adjetivo (m)	adjectiv (n)	[adʒek'tiv]
verbo (m)	verb (n)	[verb]
advérbio (m)	adverb (n)	[ad'verb]
pronome (m)	pronume (n)	[pro'nume]
interjeição (f)	interjecţie (f)	[inter'ʒektsie]
preposição (f)	prepoziţie (f)	[prepo'zitsie]
raiz (f)	rădăcina (f) cuvântului	[rədə'ʧina ku'vintuluj]
terminação (f)	terminaţie (f)	[termi'natsie]
prefixo (m)	prefix (n)	[pre'fiks]
sílaba (f)	silabă (f)	[si'labə]
sufixo (m)	sufix (n)	[su'fiks]
acento (m)	accent (n)	[ak'ʧent]
apóstrofo (f)	apostrof (n)	[apo'strof]
ponto (m)	punct (n)	[punkt]
vírgula (f)	virgulă (f)	['virgulə]
ponto e vírgula (m)	punct (n) şi virgulă	[punkt ʃi 'virgulə]
dois pontos (m pl)	două puncte (n pl)	['dowə 'punkte]
reticências (f pl)	puncte-puncte (n pl)	['punkte 'punkte]
ponto (m) de interrogação	semn (n) de întrebare	[semn de intre'bare]
ponto (m) de exclamação	semn (n) de exclamare	[semn de ekskla'mare]

aspas (f pl)	ghilimele (f pl)	[gili'mele]
entre aspas	în ghilimele	[in gili'mele]
parênteses (m pl)	paranteze (f pl)	[paran'teze]
entre parênteses	în paranteze	[in paran'teze]
hífen (m)	cratimă (f)	['kratimə]
travessão (m)	cratimă (f)	['kratimə]
espaço (m)	spaţiu (n) liber	['spatsju 'liber]
letra (f)	literă (f)	['literə]
letra (f) maiúscula	majusculă (f)	[ma'ʒuskulʲa]
vogal (f)	vocală (f)	[vo'kalə]
consoante (f)	consoană (f)	[konso'anə]
frase (f)	prepoziţie (f)	[prepo'zitsie]
sujeito (m)	subiect (n)	[su'bjekt]
predicado (m)	predicat (n)	[predi'kat]
linha (f)	rând (n)	[rind]
em uma nova linha	alineat	[aline'at]
parágrafo (m)	paragraf (n)	[para'graf]
palavra (f)	cuvânt (n)	[ku'vint]
grupo (m) de palavras	îmbinare (f) de cuvinte	[imbi'nare de ku'vinte]
expressão (f)	expresie (f)	[eks'presie]
sinônimo (m)	sinonim (n)	[sino'nim]
antônimo (m)	antonim (n)	[anto'nim]
regra (f)	regulă (f)	['regulə]
exceção (f)	excepţie (f)	[eks'tʃeptsie]
correto (adj)	corect	[ko'rekt]
conjugação (f)	conjugare (f)	[konʒu'gare]
declinação (f)	declinare (f)	[dekli'nare]
caso (m)	caz (n)	[kaz]
pergunta (f)	întrebare (f)	[intre'bare]
sublinhar (vt)	a sublinia	[a sublini'a]
linha (f) pontilhada	linie (f) punctată	['linie punk'tatə]

98. Línguas estrangeiras

língua (f)	limbă (f)	['limbə]
estrangeiro (adj)	străin	[strə'in]
estudar (vt)	a studia	[a studi'a]
aprender (vt)	a învăţa	[a invə'tsa]
ler (vt)	a citi	[a tʃi'ti]
falar (vi)	a vorbi	[a vor'bi]
entender (vt)	a înţelege	[a intse'ledʒe]
escrever (vt)	a scrie	[a 'skrie]
rapidamente	repede	['repede]
devagar, lentamente	încet	[in'tʃet]

fluentemente	liber	['liber]
regras (f pl)	reguli (f pl)	['regulʲ]
gramática (f)	gramatică (f)	[gra'matikə]
vocabulário (m)	lexic (n)	['leksik]
fonética (f)	fonetică (f)	[fo'netikə]

livro (m) didático	manual (n)	[manu'al]
dicionário (m)	dicționar (n)	[diktsio'nar]
manual (m) autodidático	manual (n) autodidactic	[manu'al autodi'daktik]
guia (m) de conversação	ghid (n) de conversație	[gid de konver'satsie]

fita (f) cassete	casetă (f)	[ka'setə]
videoteipe (m)	casetă (f) video	[ka'setə 'video]
CD (m)	CD (n)	[si'di]
DVD (m)	DVD (n)	[divi'di]

alfabeto (m)	alfabet (n)	[alfa'bet]
soletrar (vt)	a spune pe litere	[a vor'bi pe 'litere]
pronúncia (f)	pronunție (f)	[pro'nuntsie]

sotaque (m)	accent (n)	[ak'tʃent]
com sotaque	cu accent	['ku ak'tʃent]
sem sotaque	fără accent	['fərə ak'tʃent]

| palavra (f) | cuvânt (n) | [ku'vint] |
| sentido (m) | sens (n) | [sens] |

curso (m)	cursuri (n)	['kursurʲ]
inscrever-se (vr)	a se înscrie	[a se in'skrie]
professor (m)	profesor (m)	[pro'fesor]

tradução (processo)	traducere (f)	[tra'dutʃere]
tradução (texto)	traducere (f)	[tra'dutʃere]
tradutor (m)	traducător (m)	[tradukə'tor]
intérprete (m)	translator (m)	[trans'lator]

| poliglota (m) | poliglot (m) | [poli'glot] |
| memória (f) | memorie (f) | [me'morie] |

Descanso. Entretenimento. Viagens

99. Viagens

turismo (m)	turism (n)	[tu'rism]
turista (m)	turist (m)	[tu'rist]
viagem (f)	călătorie (f)	[kələto'rie]
aventura (f)	aventură (f)	[aven'turə]
percurso (curta viagem)	voiaj (n)	[vo'jaʒ]
férias (f pl)	concediu (n)	[kon'tʃedju]
estar de férias	a fi în concediu	[a fi în kon'tʃedju]
descanso (m)	odihnă (f)	[o'dihnə]
trem (m)	tren (n)	[tren]
de trem (chegar ~)	cu trenul	[ku 'trenul]
avião (m)	avion (n)	[a'vjon]
de avião	cu avionul	[ku a'vjonul]
de carro	cu automobilul	[ku automo'bilul]
de navio	cu vaporul	[ku va'porul]
bagagem (f)	bagaj (n)	[ba'gaʒ]
mala (f)	valiză (f)	[va'lizə]
carrinho (m)	cărucior (n) pentru bagaj	[kəru'tʃior 'pentru ba'gaʒ]
passaporte (m)	paşaport (n)	[paʃa'port]
visto (m)	viză (f)	['vizə]
passagem (f)	bilet (n)	[bi'let]
passagem (f) aérea	bilet (n) de avion	[bi'let de a'vjon]
guia (m) de viagem	ghid (m)	[gid]
mapa (m)	hartă (f)	['hartə]
área (f)	localitate (f)	[lokali'tate]
lugar (m)	loc (n)	[lok]
exotismo (m)	exotism (n)	[egzo'tism]
exótico (adj)	exotic	[e'gzotik]
surpreendente (adj)	uimitor	[ujmi'tor]
grupo (m)	grup (n)	[grup]
excursão (f)	excursie (f)	[eks'kursie]
guia (m)	ghid (m)	[gid]

100. Hotel

hotel (m)	hotel (n)	[ho'tel]
motel (m)	motel (n)	[mo'tel]
três estrelas	trei stele	[trej 'stele]

| cinco estrelas | cinci stele | [ʧinʧ 'stele] |
| ficar (vi, vt) | a se opri | [a se o'pri] |

quarto (m)	cameră (f)	['kamerə]
quarto (m) individual	cameră pentru o persoană (n)	['kamerə 'pentru o perso'anə]
quarto (m) duplo	cameră pentru două persoane (n)	['kamerə 'pentru 'dowə perso'ane]
reservar um quarto	a rezerva o cameră	[a rezer'va o 'kamerə]

| meia pensão (f) | demipensiune (f) | [demipensi'une] |
| pensão (f) completa | pensiune (f) | [pensi'une] |

com banheira	cu baie	[ku 'bae]
com chuveiro	cu duş	[ku duʃ]
televisão (m) por satélite	televiziune (f) prin satelit	[televizi'une 'prin sate'lit]
ar (m) condicionado	aer (n) condiţionat	['aer konditsio'nat]
toalha (f)	prosop (n)	[pro'sop]
chave (f)	cheie (f)	['kee]

administrador (m)	administrator (m)	[adminis'trator]
camareira (f)	femeie (f) de serviciu	[fe'mee de ser'vitʃiu]
bagageiro (m)	hamal (m)	[ha'mal]
porteiro (m)	portar (m)	[por'tar]

restaurante (m)	restaurant (n)	[restau'rant]
bar (m)	bar (m)	[bar]
café (m) da manhã	micul dejun (n)	['mikul de'ʒun]
jantar (m)	cină (f)	['ʧinə]
bufê (m)	masă suedeză (f)	['masə sue'dezə]

| saguão (m) | vestibul (n) | [vesti'bul] |
| elevador (m) | lift (n) | [lift] |

| NÃO PERTURBE | NU DERANJAŢI! | [nu deran'ʒats] |
| PROIBIDO FUMAR! | NU FUMAŢI! | [nu fu'mats] |

EQUIPAMENTO TÉCNICO. TRANSPORTES

Equipamento técnico. Transportes

101. Computador

computador (m)	calculator (n)	[kalkula'tor]
computador (m) portátil	laptop (n)	[ləp'top]
ligar (vt)	a deschide	[a des'kide]
desligar (vt)	a închide	[a i'nkide]
teclado (m)	tastatură (f)	[tasta'turə]
tecla (f)	tastă (f)	['tastə]
mouse (m)	mouse (n)	['maus]
tapete (m) para mouse	mousepad (n)	[maus'pad]
botão (m)	tastă (f)	['tastə]
cursor (m)	cursor (m)	[kur'sor]
monitor (m)	monitor (n)	[moni'tor]
tela (f)	ecran (n)	[e'kran]
disco (m) rígido	hard disc (n)	[hard disk]
capacidade (f) do disco rígido	capacitatea (f) hard disclui	[kapatʃi'tatʲa 'hard 'diskuluj]
memória (f)	memorie (f)	[me'morie]
memória RAM (f)	memorie (f) operativă	[me'morie opera'tivə]
arquivo (m)	fişier (n)	[fiʃi'er]
pasta (f)	document (n)	[doku'ment]
abrir (vt)	a deschide	[a des'kide]
fechar (vt)	a închide	[a i'nkide]
salvar (vt)	a păstra	[a pəs'tra]
deletar (vt)	a şterge	[a 'ʃterdʒe]
copiar (vt)	a copia	[a kopi'ja]
ordenar (vt)	a sorta	[a sor'ta]
copiar (vt)	a copia	[a kopi'ja]
programa (m)	program (n)	[pro'gram]
software (m)	programe (n) de aplicaţie	[pro'grame de apli'katsie]
programador (m)	programator (m)	[programa'tor]
programar (vt)	a programa	[a progra'ma]
hacker (m)	hacker (m)	['haker]
senha (f)	parolă (f)	[pa'rolə]
vírus (m)	virus (m)	['virus]
detectar (vt)	a găsi	[a gə'si]
byte (m)	bait (m)	[bajt]

megabyte (m)	megabyte (m)	[mega'bajt]
dados (m pl)	date (f pl)	['date]
base (f) de dados	bază (f) de date	['bazə de 'date]

cabo (m)	cablu (n)	['kablu]
desconectar (vt)	a deconecta	[a dekonek'ta]
conectar (vt)	a conecta	[a konek'ta]

102. Internet. E-mail

internet (f)	internet (n)	[inter'net]
browser (m)	browser (n)	['brauzer]
motor (m) de busca	motor (n) de căutare	[mo'tor de kəu'tare]
provedor (m)	cablu (n)	['kablu]

webmaster (m)	web master (m)	[web 'master]
website (m)	web site (n)	[web 'sajt]
web page (f)	pagină (f) web	['padʒinə web]

| endereço (m) | adresă (f) | [a'dresə] |
| livro (m) de endereços | registru (n) de adrese | [re'dʒistru de a'drese] |

| caixa (f) de correio | cutie (f) poştală | [ku'tie poʃ'talə] |
| correio (m) | corespondenţă (f) | [korespon'dentsə] |

mensagem (f)	mesaj (n)	[me'saʒ]
remetente (m)	expeditor (m)	[ekspedi'tor]
enviar (vt)	a expedia	[a ekspedi'ja]
envio (m)	expediere (f)	[ekspe'djere]

| destinatário (m) | destinatar (m) | [destina'tar] |
| receber (vt) | a primi | [a pri'mi] |

| correspondência (f) | corespondenţă (f) | [korespon'dentsə] |
| corresponder-se (vr) | a coresponda | [a korespon'da] |

arquivo (m)	fişier (n)	[fiʃi'er]
fazer download, baixar (vt)	a copia	[a kopi'ja]
criar (vt)	a crea	[a 'krʲa]
deletar (vt)	a şterge	[a 'ʃterdʒe]
deletado (adj)	şters	[ʃters]

conexão (f)	conexiune (f)	[koneksi'une]
velocidade (f)	viteză (f)	[vi'tezə]
modem (m)	modem (n)	[mo'dem]

| acesso (m) | acces (n) | [ak'tʃes] |
| porta (f) | port (n) | [port] |

| conexão (f) | conectare (f) | [konek'tare] |
| conectar (vi) | a se conecta | [a se konek'ta] |

| escolher (vt) | a alege | [a a'ledʒe] |
| buscar (vt) | a căuta | [a kəu'ta] |

103. Eletricidade

eletricidade (f)	electricitate (f)	[elektritʃi'tate]
elétrico (adj)	electric	[e'lektrik]
planta (f) elétrica	centrală (f) electrică	[tʃen'tralə e'lektrikə]
energia (f)	energie (f)	[ener'dʒie]
energia (f) elétrica	energie (f) electrică	[ener'dʒie e'lektrikə]
lâmpada (f)	bec (n)	[bek]
lanterna (f)	lanternă (f)	[lan'ternə]
poste (m) de iluminação	felinar (n)	[feli'nar]
luz (f)	lumină (f)	[lu'minə]
ligar (vt)	a aprinde	[a a'prinde]
desligar (vt)	a stinge	[a 'stindʒe]
apagar a luz	a stinge lumina	[a 'stindʒe lu'mina]
queimar (vi)	a arde	[a 'arde]
curto-circuito (m)	scurtcircuit (n)	['skurtʃirku'it]
ruptura (f)	ruptură (f)	[rup'turə]
contato (m)	contact (n)	[kon'takt]
interruptor (m)	întrerupător (n)	[intrerupə'tor]
tomada (de parede)	priză (f)	['prizə]
plugue (m)	furcă (f)	['furkə]
extensão (f)	prelungitor (n)	[prelundʒi'tor]
fusível (m)	siguranţă (f)	[sigu'rantsə]
fio, cabo (m)	fir (n) electric	[fir e'lektrik]
instalação (f) elétrica	instalaţie (f) electrică	[insta'latsie e'lektrikə]
ampère (m)	amper (m)	[am'per]
amperagem (f)	intensitatea (f) curentului	[intensi'tat'a ku'rentuluj]
volt (m)	volt (m)	[volt]
voltagem (f)	tensiune (f)	[tensi'une]
aparelho (m) elétrico	aparat (n) electric	[apa'rat e'lektrik]
indicador (m)	indicator (n)	[indika'tor]
eletricista (m)	electrician (m)	[elektritʃi'an]
soldar (vt)	a lipi	[a li'pi]
soldador (m)	ciocan (n) de lipit	[tʃio'kan de li'pit]
corrente (f) elétrica	curent (m)	[ku'rent]

104. Ferramentas

ferramenta (f)	instrument (n)	[instru'ment]
ferramentas (f pl)	instrumente (n pl)	[instru'mente]
equipamento (m)	utilaj (n)	[uti'laʒ]
martelo (m)	ciocan (n)	[tʃio'kan]
chave (f) de fenda	şurubelniţă (f)	[ʃuru'belnitsə]
machado (m)	topor (n)	[to'por]

serra (f)	ferăstrău (n)	[ferəstrəu]
serrar (vt)	a tăia cu ferăstrăul	[a tə'ja 'ku ferəstrəul]
plaina (f)	rindea (f)	[rin'dʲa]
aplainar (vt)	a gelui	[a dʒelu'i]
soldador (m)	ciocan (n) de lipit	[tʃio'kan de li'pit]
soldar (vt)	a lipi	[a li'pi]

lima (f)	pilă (f)	['pilə]
tenaz (f)	cleşte (m)	['kleʃte]
alicate (m)	cleşte (m) patent	['kleʃte pa'tent]
formão (m)	daltă (f) de tâmplărie	['daltə de timplə'rie]

broca (f)	burghiu (n)	[bur'gju]
furadeira (f) elétrica	sfredel (n)	['sfredel]
furar (vt)	a sfredeli	[a sfrede'li]

faca (f)	cuţit (n)	[ku'tsit]
lâmina (f)	lamă (f)	['lamə]

afiado (adj)	ascuţit	[asku'tsit]
cego (adj)	tocit	[to'tʃit]
embotar-se (vr)	a se toci	[a se to'tʃi]
afiar, amolar (vt)	a ascuţi	[a asku'tsi]

parafuso (m)	şurub (n)	[ʃu'rub]
porca (f)	piuliţă (f)	[pju'litsə]
rosca (f)	filet (n)	[fi'let]
parafuso (para madeira)	şurub (n)	[ʃu'rub]

prego (m)	cui (n)	[kuj]
cabeça (f) do prego	bont (n)	[bont]

régua (f)	linie (f)	['linie]
fita (f) métrica	ruletă (f)	[ru'letə]
nível (m)	nivelă (f)	[ni'velă]
lupa (f)	lupă (f)	['lupə]

medidor (m)	aparat (n) de măsurat	[apa'rat de məsu'rat]
medir (vt)	a măsura	[a məsu'ra]
escala (f)	scală (f)	['skalə]
indicação (f), registro (m)	indicaţii (f pl)	[indi'katsij]

compressor (m)	compresor (n)	[kompre'sor]
microscópio (m)	microscop (n)	[mikro'skop]

bomba (f)	pompă (f)	['pompə]
robô (m)	robot (m)	[ro'bot]
laser (m)	laser (n)	['laser]

chave (f) de boca	cheie (f) franceză	['kee fran'tʃezə]
fita (f) adesiva	bandă (f) izolatoare	['bandə izolato'are]
cola (f)	clei (n)	[klej]

lixa (f)	hârtie (f) abrazivă	[hɨr'tie abra'zivə]
mola (f)	arc (n)	[ark]
ímã (m)	magnet (m)	[mag'net]

luva (f)	mănuşi (f pl)	[məˈnuʃ]
corda (f)	funie (f)	[ˈfunie]
cabo (~ de nylon, etc.)	şnur (n)	[ʃnur]
fio (m)	fir (n) electric	[fir eˈlektrik]
cabo (~ elétrico)	cablu (n)	[ˈkablu]

marreta (f)	baros (m)	[baˈros]
pé de cabra (m)	rangă (f)	[ˈrangə]
escada (f) de mão	scară (f)	[ˈskarə]
escada (m)	scară (f) de frânghie	[ˈskarə de frinˈgie]

enroscar (vt)	a înşuruba	[a inʃuruˈba]
desenroscar (vt)	a deşuruba	[a deʃuruˈba]
apertar (vt)	a strânge	[a ˈstrindʒe]
colar (vt)	a lipi	[a liˈpi]
cortar (vt)	a tăia	[a təˈja]

falha (f)	deranjament (n)	[deranʒaˈment]
conserto (m)	reparaţie (f)	[repaˈratsie]
consertar, reparar (vt)	a repara	[a repaˈra]
regular, ajustar (vt)	a regla	[a reˈgla]

verificar (vt)	a verifica	[a verifiˈka]
verificação (f)	verificare (f)	[verifiˈkare]
indicação (f), registro (m)	indicaţie (f)	[indiˈkatsie]

| seguro (adj) | sigur | [ˈsigur] |
| complicado (adj) | complex | [komˈpleks] |

enferrujar (vi)	a rugini	[a rudʒiˈni]
enferrujado (adj)	ruginit	[rudʒiˈnit]
ferrugem (f)	rugină (f)	[ruˈdʒinə]

Transportes

105. Avião

avião (m)	avion (n)	[a'vjon]
passagem (f) aérea	bilet (n) de avion	[bi'let de a'vjon]
companhia (f) aérea	companie (f) aeriană	[kompa'nie aeri'anə]
aeroporto (m)	aeroport (n)	[aero'port]
supersônico (adj)	supersonic	[super'sonik]

comandante (m) do avião	comandant (m) de navă	[koman'dant de 'navə]
tripulação (f)	echipaj (n)	[eki'paʒ]
piloto (m)	pilot (m)	[pi'lot]
aeromoça (f)	stewardesă (f)	[stjuar'desə]
copiloto (m)	navigator (m)	[naviga'tor]

asas (f pl)	aripi (f pl)	[a'ripi]
cauda (f)	coadă (f)	[ko'adə]
cabine (f)	cabină (f)	[ka'binə]
motor (m)	motor (n)	[mo'tor]
trem (m) de pouso	tren (n) de aterizare	[tren de ateri'zare]
turbina (f)	turbină (f)	[tur'binə]

hélice (f)	elice (f)	[e'litʃe]
caixa-preta (f)	cutie (f) neagră	[ku'tie 'nˈagrə]
coluna (f) de controle	manşă (f)	['manʃə]
combustível (m)	combustibil (m)	[kombus'tibil]

instruções (f pl) de segurança	instrucţiune (f)	[instrukˈtsi'une]
máscara (f) de oxigênio	mască (f) cu oxigen	['maskə 'ku oksi'dʒen]
uniforme (m)	uniformă (f)	[uni'formə]

colete (m) salva-vidas	vestă (f) de salvare	['vestə de sal'vare]
paraquedas (m)	paraşută (f)	[para'ʃutə]

decolagem (f)	decolare (f)	[deko'lare]
descolar (vi)	a decola	[a deko'la]
pista (f) de decolagem	pistă (f) de decolare	['pistə de deko'lare]

visibilidade (f)	vizibilitate (f)	[vizibili'tate]
voo (m)	zbor (n)	[zbor]

altura (f)	înălţime (f)	[inəl'tsime]
poço (m) de ar	gol de aer (n)	[gol de 'aer]

assento (m)	loc (n)	[lok]
fone (m) de ouvido	căşti (f pl)	[kəʃtˈ]
mesa (f) retrátil	măsuţă (f) rabatabilă	[mə'sutsə raba'tabilə]
janela (f)	hublou (n)	[hu'blou]
corredor (m)	trecere (f)	['tretʃere]

106. Comboio

trem (m)	tren (n)	[tren]
trem (m) elétrico	tren (n) electric	['tren e'lektrik]
trem (m)	tren (n) accelerat	['tren aktʃele'rat]
locomotiva (f) diesel	locomotivă (f) cu motor diesel	[lokomo'tive ku mo'tor 'dizel]
locomotiva (f) a vapor	locomotivă (f)	[lokomo'tive]
vagão (f) de passageiros	vagon (n)	[va'gon]
vagão-restaurante (m)	vagon-restaurant (n)	[va'gon restau'rant]
carris (m pl)	şine (f pl)	['ʃine]
estrada (f) de ferro	cale (f) ferată	['kale fe'rate]
travessa (f)	traversă (f)	[tra'verse]
plataforma (f)	peron (n)	[pe'ron]
linha (f)	linie (f)	['linie]
semáforo (m)	semafor (n)	[sema'for]
estação (f)	staţie (f)	['statsie]
maquinista (m)	maşinist (m)	[maʃi'nist]
bagageiro (m)	hamal (m)	[ha'mal]
hospedeiro, -a (m, f)	însoţitor (m)	[insotsi'tor]
passageiro (m)	pasager (m)	[pasa'dʒer]
revisor (m)	controlor (m)	[kontro'lor]
corredor (m)	coridor (n)	[kori'dor]
freio (m) de emergência	semnal (n) de alarmă	[sem'nal de a'larme]
compartimento (m)	compartiment (n)	[komparti'ment]
cama (f)	cuşetă (f)	[ku'ʃete]
cama (f) de cima	patul (n) de sus	['patul de sus]
cama (f) de baixo	patul (n) de jos	['patul de ʒos]
roupa (f) de cama	lenjerie (f) de pat	[lenʒe'rie de pat]
passagem (f)	bilet (n)	[bi'let]
horário (m)	orar (n)	[o'rar]
painel (m) de informação	panou (n)	[pa'nou]
partir (vt)	a pleca	[a ple'ka]
partida (f)	plecare (f)	[ple'kare]
chegar (vi)	a sosi	[a so'si]
chegada (f)	sosire (f)	[so'sire]
chegar de trem	a veni cu trenul	[a ve'ni ku 'trenul]
pegar o trem	a se aşeza în tren	[a se aʃe'za in tren]
descer de trem	a coborî din tren	[a kobo'ri din tren]
acidente (m) ferroviário	accident (n) de tren	[aktʃi'dent de tren]
locomotiva (f) a vapor	locomotivă (f)	[lokomo'tive]
foguista (m)	fochist (m)	[fo'kist]
fornalha (f)	focar (n)	[fo'kar]
carvão (m)	cărbune (m)	[kər'bune]

107. Barco

| navio (m) | corabie (f) | [ko'rabie] |
| embarcação (f) | navă (f) | ['navə] |

barco (m) a vapor	vapor (n)	[va'por]
barco (m) fluvial	motonavă (f)	[moto'navə]
transatlântico (m)	vas (n) de croazieră	[vas de kroa'zjerə]
cruzeiro (m)	crucişător (n)	[krutʃiʃə'tor]

iate (m)	iaht (n)	[jaht]
rebocador (m)	remorcher (n)	[remor'ker]
barcaça (f)	şlep (n)	[ʃlep]
ferry (m)	bac (n)	[bak]

| veleiro (m) | velier (n) | [ve'ljer] |
| bergantim (m) | brigantină (f) | [brigan'tinə] |

| quebra-gelo (m) | spărgător (n) de gheaţă | [spərgə'tor de 'gʲatsə] |
| submarino (m) | submarin (n) | [subma'rin] |

bote, barco (m)	barcă (f)	['barkə]
baleeira (bote salva-vidas)	şalupă (f)	[ʃa'lupə]
bote (m) salva-vidas	şalupă (f) de salvare	[ʃa'lupə de sal'vare]
lancha (f)	cuter (n)	['kuter]

capitão (m)	căpitan (m)	[kəpi'tan]
marinheiro (m)	marinar (m)	[mari'nar]
marujo (m)	marinar (m)	[mari'nar]
tripulação (f)	echipaj (n)	[eki'paʒ]

contramestre (m)	şef (m) de echipaj	[ʃef de eki'paʒ]
grumete (m)	mus (m)	[mus]
cozinheiro (m) de bordo	bucătar (m)	[bukə'tar]
médico (m) de bordo	medic (m) pe navă	['medik pe 'navə]

convés (m)	teugă (f)	[te'ugə]
mastro (m)	catarg (n)	[ka'targ]
vela (f)	velă (f)	['velə]

porão (m)	cală (f)	['kalə]
proa (f)	proră (f)	['prorə]
popa (f)	pupă (f)	['pupə]
remo (m)	vâslă (f)	['vislə]
hélice (f)	elice (f)	[e'litʃe]

cabine (m)	cabină (f)	[ka'binə]
sala (f) dos oficiais	salonul (n) ofiţerilor	[sa'lonul ofi'tserilor]
sala (f) das máquinas	sala (f) maşinilor	['sala ma'ʃinilor]
ponte (m) de comando	punte (f) de comandă	['punte de ko'mandə]
sala (f) de comunicações	staţie (f) de radio	['statsie de 'radio]
onda (f)	undă (f)	['undə]
diário (m) de bordo	jurnal (n) de bord	[ʒur'nal de bord]
luneta (f)	lunetă (f)	[lu'netə]
sino (m)	clopot (n)	['klopot]

bandeira (f)	steag (n)	['st¹ag]
cabo (m)	parâmă (f)	[pa'rimə]
nó (m)	nod (n)	[nod]

| corrimão (m) | bară (f) | ['barə] |
| prancha (f) de embarque | pasarelă (f) | [pasa'relə] |

âncora (f)	ancoră (f)	['ankorə]
recolher a âncora	a ridica ancora	[a ridi'ka 'ankora]
jogar a âncora	a ancora	[a anko'ra]
amarra (corrente de âncora)	lanţ (n) de ancoră	[lanʦ de 'ankorə]

porto (m)	port (n)	[port]
cais, amarradouro (m)	acostare (f)	[akos'tare]
atracar (vi)	a acosta	[a akos'ta]
desatracar (vi)	a demara	[a dema'ra]

viagem (f)	călătorie (f)	[kələto'rie]
cruzeiro (m)	croazieră (f)	[kroa'zjerə]
rumo (m)	direcţie (f)	[di'rektsie]
itinerário (m)	rută (f)	['rutə]

canal (m) de navegação	cale (f) navigabilă	['kale navi'gabilə]
banco (m) de areia	banc (n) de nisip	[bank de ni'sip]
encalhar (vt)	a se împotmoli	[a se impotmo'li]

tempestade (f)	furtună (f)	[fur'tunə]
sinal (m)	semnal (n)	[sem'nal]
afundar-se (vr)	a se scufunda	[a se skufun'da]
SOS	SOS	[sos]
boia (f) salva-vidas	colac (m) de salvare	[ko'lak de sal'vare]

108. Aeroporto

aeroporto (m)	aeroport (n)	[aero'port]
avião (m)	avion (n)	[a'vjon]
companhia (f) aérea	companie (f) aeriană	[kompa'nie aeri'anə]
controlador (m) de tráfego aéreo	dispecer (n)	[dis'peʧer]

partida (f)	decolare (f)	[deko'lare]
chegada (f)	aterizare (f)	[ateri'zare]
chegar (vi)	a ateriza	[a ateri'za]

| hora (f) de partida | ora (f) decolării | ['ora dekolərij] |
| hora (f) de chegada | ora (f) aterizării | ['ora aterizərij] |

| estar atrasado | a întârzia | [a intir'zija] |
| atraso (m) de voo | întârzierea (f) zborului | [intirzjer¹a 'zboruluj] |

painel (m) de informação	panou (n)	[pa'nou]
informação (f)	informaţie (f)	[infor'matsie]
anunciar (vt)	a anunţa	[a anun'ʦa]
voo (m)	cursă (f)	['kursə]

alfândega (f)	vamă (f)	['vamə]
funcionário (m) da alfândega	vameş (m)	['vameʃ]
declaração (f) alfandegária	declaraţie (f)	[dekla'ratsie]
preencher (vt)	a completa	[a komple'ta]
preencher a declaração	a completa declaraţia	[a komple'ta dekla'ratsija]
controle (m) de passaporte	controlul (n) paşapoartelor	[kon'trolul paʃapo'artelor]
bagagem (f)	bagaj (n)	[ba'gaʒ]
bagagem (f) de mão	bagaj (n) de mână	[ba'gaʒ de 'minə]
carrinho (m)	cărucior (n) pentru bagaj	[kəru'tʃior 'pentru ba'gaʒ]
pouso (m)	aterizare (f)	[ateri'zare]
pista (f) de pouso	pistă (f) de aterizare	['pistə de ateri'zare]
aterrissar (vi)	a ateriza	[a ateri'za]
escada (f) de avião	scară (f)	['skarə]
check-in (m)	înregistrare (f)	[inredʒis'trare]
balcão (m) do check-in	birou (n) de înregistrare	[bi'rou de inredʒis'trare]
fazer o check-in	a se înregistra	[a se inredʒis'tra]
cartão (m) de embarque	număr (n) de bord	['numər de bord]
portão (m) de embarque	debarcare (f)	[debar'kare]
trânsito (m)	tranzit (n)	['tranzit]
esperar (vi, vt)	a aştepta	[a aʃtep'ta]
sala (f) de espera	sală (f) de aşteptare	['sale de aʃtep'tare]
despedir-se (acompanhar)	a conduce	[a kon'dutʃe]
despedir-se (dizer adeus)	a-şi lua rămas bun	[aʃ lu'a rə'mas bun]

Eventos

109. Férias. Evento

festa (f)	sărbătoare (f)	[sərbəto'are]
feriado (m) nacional	sărbătoare (f) naţională	[sərbəto'are natsio'nalə]
feriado (m)	zi (f) de sărbătoare	[zi de sərbəto'are]
festejar (vt)	a sărbători	[a sərbəto'ri]
evento (festa, etc.)	eveniment (n)	[eveni'ment]
evento (banquete, etc.)	manifestare (f)	[manifes'tare]
banquete (m)	banchet (n)	[ban'ket]
recepção (f)	recepţie (f)	[re'ʧeptsie]
festim (m)	ospăţ (n)	[os'pəts]
aniversário (m)	aniversare (f)	[aniver'sare]
jubileu (m)	jubileu (n)	[ʒubi'leu]
celebrar (vt)	a sărbători	[a sərbəto'ri]
Ano (m) Novo	Anul (m) Nou	['anul 'nou]
Feliz Ano Novo!	La Mulţi Ani!	[la 'multsʲ anʲ]
Natal (m)	Crăciun (n)	[krə'ʧiun]
Feliz Natal!	Crăciun Fericit!	[krə'ʧiun feri'ʧit]
árvore (f) de Natal	pom (m) de Crăciun	[pom de krə'ʧiun]
fogos (m pl) de artifício	artificii (n)	[arti'fiʧij]
casamento (m)	nuntă (f)	['nuntə]
noivo (m)	mire (m)	['mire]
noiva (f)	mireasă (f)	[mi'rʲasə]
convidar (vt)	a invita	[a invi'ta]
convite (m)	invitaţie (f)	[invi'tatsie]
convidado (m)	oaspete (m)	[o'aspete]
visitar (vt)	a merge în ospeţie	[a 'merdʒe in ospe'tsie]
receber os convidados	a întâmpina oaspeţii	[a intimpi'na o'aspetsij]
presente (m)	cadou (n)	[ka'dou]
oferecer, dar (vt)	a dărui	[a dəru'i]
receber presentes	a primi cadouri	[a pri'mi ka'dourʲ]
buquê (m) de flores	buchet (n)	[bu'ket]
felicitações (f pl)	urare (f)	[u'rare]
felicitar (vt)	a felicita	[a feliʧi'ta]
cartão (m) de parabéns	felicitare (f)	[feliʧi'tare]
enviar um cartão postal	a expedia o felicitare	[a ekspedi'ja o feliʧi'tare]
receber um cartão postal	a primi o felicitare	[a pri'mi o feliʧi'tare]
brinde (m)	toast (n)	[tost]

| oferecer (vt) | a servi | [a ser'vi] |
| champanhe (m) | şampanie (f) | [ʃam'panie] |

divertir-se (vr)	a se veseli	[a se vese'li]
diversão (f)	veselie (f)	[vese'lie]
alegria (f)	bucurie (f)	[buku'rie]

| dança (f) | dans (n) | [dans] |
| dançar (vi) | a dansa | [a dan'sa] |

| valsa (f) | vals (n) | [vals] |
| tango (m) | tangou (n) | [tan'gou] |

110. Funerais. Enterro

cemitério (m)	cimitir (n)	[ʧimi'tir]
sepultura (f), túmulo (m)	mormânt (n)	[mor'mint]
cruz (f)	cruce (f)	['kruʧe]
lápide (f)	piatră funerară (n)	['pjatrə fune'rarə]
cerca (f)	gard (n)	[gard]
capela (f)	capelă (f)	[ka'pelə]

morte (f)	moarte (f)	[mo'arte]
morrer (vi)	a muri	[a mu'ri]
defunto (m)	mort (m)	[mort]
luto (m)	doliu (n)	['dolju]

enterrar, sepultar (vt)	a îngropa	[a ingro'pa]
funerária (f)	pompe (f pl) funebre	['pompe fu'nebre]
funeral (m)	înmormântare (f)	[inmormin'tare]

coroa (f) de flores	cunună (f)	[ku'nunə]
caixão (m)	sicriu (n)	[si'kriu]
carro (m) funerário	dric (n)	[drik]
mortalha (f)	giulgiu (n)	['dʒiuldʒiu]

| urna (f) funerária | urnă (f) funerară | ['urnə fune'rarə] |
| crematório (m) | crematoriu (n) | [krema'torju] |

obituário (m), necrologia (f)	necrolog (m)	[nekro'log]
chorar (vi)	a plânge	[a 'plindʒe]
soluçar (vi)	a plânge în hohote	[a 'plindʒe in 'hohote]

111. Guerra. Soldados

pelotão (m)	pluton (n)	[plu'ton]
companhia (f)	companie (f)	[kompa'nie]
regimento (m)	regiment (n)	[redʒi'ment]
exército (m)	armată (f)	[ar'matə]
divisão (f)	divizie (f)	[di'vizie]
esquadrão (m)	detaşament (n)	[detaʃa'ment]
hoste (f)	armată (f)	[ar'matə]

| soldado (m) | soldat (m) | [sol'dat] |
| oficial (m) | ofiţer (m) | [ofi'tser] |

soldado (m) raso	soldat (m)	[sol'dat]
sargento (m)	sergent (m)	[ser'dʒent]
tenente (m)	locotenent (m)	[lokote'nent]
capitão (m)	căpitan (m)	[kəpi'tan]
major (m)	maior (m)	[ma'jor]
coronel (m)	colonel (m)	[kolo'nel]
general (m)	general (m)	[dʒene'ral]

marujo (m)	marinar (m)	[mari'nar]
capitão (m)	căpitan (m)	[kəpi'tan]
contramestre (m)	şef (m) de echipaj	[ʃef de eki'paʒ]

artilheiro (m)	artilerist (m)	[artile'rist]
soldado (m) paraquedista	paraşutist (m)	[paraʃu'tist]
piloto (m)	pilot (m)	[pi'lot]
navegador (m)	navigator (m)	[naviga'tor]
mecânico (m)	mecanic (m)	[me'kanik]

sapador-mineiro (m)	genist (m)	[dʒe'nist]
paraquedista (m)	paraşutist (m)	[paraʃu'tist]
explorador (m)	cercetaş (m)	[tʃertʃe'taʃ]
atirador (m) de tocaia	lunetist (m)	[lune'tist]

patrulha (f)	patrulă (f)	[pa'trulə]
patrulhar (vt)	a patrula	[a patru'la]
sentinela (f)	santinelă (f)	[santi'nelə]

guerreiro (m)	ostaş (m)	[os'taʃ]
patriota (m)	patriot (m)	[patri'ot]
herói (m)	erou (m)	[e'rou]
heroína (f)	eroină (f)	[ero'inə]

traidor (m)	trădător (m)	[trədə'tor]
desertor (m)	dezertor (m)	[dezer'tor]
desertar (vt)	a dezerta	[a dezer'ta]

mercenário (m)	mercenar (m)	[mertʃe'nar]
recruta (m)	recrut (m)	[re'krut]
voluntário (m)	voluntar (m)	[volun'tar]

morto (m)	ucis (m)	[u'tʃis]
ferido (m)	rănit (m)	[rə'nit]
prisioneiro (m) de guerra	prizonier (m)	[prizo'njer]

112. Guerra. Ações militares. Parte 1

guerra (f)	război (n)	[rəz'boj]
guerrear (vt)	a lupta	[a lup'ta]
guerra (f) civil	război (n) civil	[rəz'boj tʃi'vil]
perfidamente	în mod perfid	[in mod per'fid]
declaração (f) de guerra	declarare (f)	[dekla'rare]

declarar guerra	a declara	[a dekla'ra]
agressão (f)	agresiune (f)	[agresi'une]
atacar (vt)	a ataca	[a ata'ka]
invadir (vt)	a captura	[a kaptu'ra]
invasor (m)	cotropitor (m)	[kotropi'tor]
conquistador (m)	cuceritor (m)	[kutʃeri'tor]
defesa (f)	apărare (f)	[apə'rare]
defender (vt)	a apăra	[a apə'ra]
defender-se (vr)	a se apăra	[a se apə'ra]
inimigo (m)	duşman (m)	[duʃ'man]
adversário (m)	adversar (m)	[adver'sar]
inimigo (adj)	duşmănos	[duʃmə'nos]
estratégia (f)	strategie (f)	[strate'dʒie]
tática (f)	tactică (f)	['taktikə]
ordem (f)	ordin (n)	['ordin]
comando (m)	comandă (f)	[ko'mandə]
ordenar (vt)	a ordona	[a ordo'na]
missão (f)	misiune (f)	[misi'une]
secreto (adj)	secret	[se'kret]
batalha (f)	bătălie (f)	[bətə'lie]
combate (m)	luptă (f)	['luptə]
ataque (m)	atac (n)	[a'tak]
assalto (m)	asalt (n)	[a'salt]
assaltar (vt)	a asalta	[a asal'ta]
assédio, sítio (m)	asediu (n)	[a'sedju]
ofensiva (f)	atac (n)	[a'tak]
tomar à ofensiva	a ataca	[a ata'ka]
retirada (f)	retragere (f)	[re'tradʒere]
retirar-se (vr)	a se retrage	[a se re'tradʒe]
cerco (m)	încercuire (f)	[intʃerku'ire]
cercar (vt)	a încercui	[a intʃerku'i]
bombardeio (m)	bombardament (n)	[bombarda'ment]
lançar uma bomba	a arunca o bombă	[a arun'ka o 'bombə]
bombardear (vt)	a bombarda	[a bombar'da]
explosão (f)	explozie (f)	[eks'plozie]
tiro (m)	împuşcătură (f)	[impuʃkə'turə]
dar um tiro	a împuşca	[a impuʃ'ka]
tiroteio (m)	foc (n)	[fok]
apontar para ...	a ţinti	[a tsin'ti]
apontar (vt)	a îndrepta	[a indrep'ta]
acertar (vt)	a nimeri	[a nime'ri]
afundar (~ um navio, etc.)	a scufunda	[a skufun'da]
brecha (f)	gaură (f)	['gaurə]

afundar-se (vr)	a se scufunda	[a se skufun'da]
frente (m)	front (n)	[front]
evacuação (f)	evacuare (f)	[evaku'are]
evacuar (vt)	a evacua	[a evaku'a]

trincheira (f)	tranşee (f)	[tran'ʃee]
arame (m) enfarpado	sârmă (f) ghimpată	['sirmə gim'patə]
barreira (f) anti-tanque	îngrădire (f)	[ingrə'dire]
torre (f) de vigia	turlă (f)	['turlə]

hospital (m) militar	spital (n)	[spi'tal]
ferir (vt)	a răni	[a rə'ni]
ferida (f)	rană (f)	['ranə]
ferido (m)	rănit (m)	[rə'nit]
ficar ferido	a fi rănit	[a fi rə'nit]
grave (ferida ~)	serios	[se'rjos]

113. Guerra. Ações militares. Parte 2

cativeiro (m)	prizonierat (n)	[prizonie'rat]
capturar (vt)	a lua prizonier	[a lu'a prizo'njer]
estar em cativeiro	a fi prizonier	[a fi prizo'njer]
ser aprisionado	a cădea prizonier	[a kə'dʲa prizo'njer]

campo (m) de concentração	lagăr (n) de concentrare	['lagər de kontʃen'trare]
prisioneiro (m) de guerra	prizonier (m)	[prizo'njer]
escapar (vi)	a evada	[a eva'da]

trair (vt)	a trăda	[a trə'da]
traidor (m)	trădător (m)	[trədə'tor]
traição (f)	trădare (f)	[trə'dare]

fuzilar, executar (vt)	a împuşca	[a impuʃ'ka]
fuzilamento (m)	împuşcare (f)	[impuʃ'kare]

equipamento (m)	echipare (f)	[eki'pare]
insígnia (f) de ombro	epolet (m)	[epo'let]
máscara (f) de gás	mască (f) de gaze	['maskə de 'gaze]

rádio (m)	staţie (f) de radio	['statsie de 'radio]
cifra (f), código (m)	cifru (n)	['tʃifru]
conspiração (f)	conspiraţie (f)	[konspi'ratsie]
senha (f)	parolă (f)	[pa'rolə]

mina (f)	mină (f)	['minə]
minar (vt)	a mina	[a mi'na]
campo (m) minado	câmp (n) minat	[kimp mi'nat]

alarme (m) aéreo	alarmă (f) aeriană	[a'larmə aeri'anə]
alarme (m)	alarmă (f)	[a'larmə]
sinal (m)	semnal (n)	[sem'nal]
sinalizador (m)	rachetă (f) de semnalizare	[ra'ketə de semnali'zare]
quartel-general (m)	stat-major (n)	[stat ma'ʒor]
reconhecimento (m)	cercetare (f)	[tʃertʃe'tare]

situação (f)	condiţii (f pl)	[kon'ditsij]
relatório (m)	raport (n)	[ra'port]
emboscada (f)	ambuscadă (f)	[ambus'kadə]
reforço (m)	întărire (f)	[intə'rire]

alvo (m)	ţintă (f)	['tsintə]
campo (m) de tiro	poligon (n)	[poli'gon]
manobras (f pl)	manevre (f pl)	[ma'nevre]

pânico (m)	panică (f)	['panikə]
devastação (f)	ruină (f)	[ru'inə]
ruínas (f pl)	distrugere (f)	[dis'trudʒere]
destruir (vt)	a distruge	[a dis'trudʒe]

sobreviver (vi)	a scăpa cu viaţă	[a skə'pa ku 'vjatsə]
desarmar (vt)	a dezarma	[a dezar'ma]
manusear (vt)	a mânui	[a minu'i]

Sentido!	Drepţi!	[drepts]
Descansar!	Pe loc repaus!	[pe lok re'paus]

façanha (f)	faptă (f) eroică	['faptə ero'ikə]
juramento (m)	jurământ (n)	[ʒurə'mint]
jurar (vi)	a jura	[a ʒu'ra]

condecoração (f)	premiu (n)	['premju]
condecorar (vt)	a premia	[a premi'ja]
medalha (f)	medalie (f)	[me'dalie]
ordem (f)	ordin (n)	['ordin]

vitória (f)	victorie (f)	[vik'torie]
derrota (f)	înfrângere (f)	[in'frindʒere]
armistício (m)	armistiţiu (n)	[armis'titsju]

bandeira (f)	drapel (n)	[dra'pel]
glória (f)	glorie (f)	['glorie]
parada (f)	paradă (f)	[pa'radə]
marchar (vi)	a mărşălui	[a mərʃəlu'i]

114. Armas

arma (f)	armă (f)	['armə]
arma (f) de fogo	armă (f) de foc	['armə de fok]
arma (f) branca	armă (f) albă	['armə 'albə]

arma (f) química	armă (f) chimică	['armə 'kimikə]
nuclear (adj)	nuclear	[nukle'ar]
arma (f) nuclear	armă (f) nucleară	['armə nukle'arə]

bomba (f)	bombă (f)	['bombə]
bomba (f) atômica	bombă (f) atomică	['bombə a'tomikə]

pistola (f)	pistol (n)	[pis'tol]
rifle (m)	armă (f)	['armə]

semi-automática (f)	automat (n)	[auto'mat]
metralhadora (f)	mitralieră (f)	[mitra'ljerə]
boca (f)	gură (f)	['gurə]
cano (m)	ţeavă (f)	['tsʲavə]
calibre (m)	calibru (n)	[ka'libru]
gatilho (m)	cocoş (m)	[ko'koʃ]
mira (f)	înălţător (n)	[inəltsə'tor]
carregador (m)	magazie (f)	[maga'zie]
coronha (f)	patul (n) de puşcă	['patul de 'puʃka]
granada (f) de mão	grenadă (f)	[gre'nadə]
explosivo (m)	exploziv (n)	[eksplo'ziv]
bala (f)	glonţ (n)	[glonts]
cartucho (m)	cartuş (n)	[kar'tuʃ]
carga (f)	încărcătură (f)	[inkərkə'turə]
munições (f pl)	muniţii (f pl)	[mu'nitsij]
bombardeiro (m)	bombardier (n)	[bombar'djer]
avião (m) de caça	distrugător (n)	[distrugə'tor]
helicóptero (m)	elicopter (n)	[elikop'ter]
canhão (m) antiaéreo	tun (n) antiaerian	[tun antiaeri'an]
tanque (m)	tanc (n)	[tank]
canhão (de um tanque)	tun (n)	[tun]
artilharia (f)	artilerie (f)	[artile'rie]
fazer a pontaria	a îndrepta	[a indrep'ta]
projétil (m)	proiectil (n)	[proek'til]
granada (f) de morteiro	mină (f)	['minə]
morteiro (m)	aruncător (n) de mine	[arunkə'tor de 'mine]
estilhaço (m)	schijă (f)	['skiʒə]
submarino (m)	submarin (n)	[subma'rin]
torpedo (m)	torpilă (f)	[tor'pilə]
míssil (m)	rachetă (f)	[ra'ketə]
carregar (uma arma)	a încărca	[a inkər'ka]
disparar, atirar (vi)	a trage	[a 'tradʒə]
apontar para ...	a ţinti	[a tsin'ti]
baioneta (f)	baionetă (f)	[bajo'netə]
espada (f)	spadă (f)	['spadə]
sabre (m)	sabie (f)	['sabie]
lança (f)	suliţă (f)	['sulitsə]
arco (m)	arc (n)	[ark]
flecha (f)	săgeată (f)	[sə'dʒʲatə]
mosquete (m)	flintă (f)	['flintə]
besta (f)	arbaletă (f)	[arba'letə]

115. Povos da antiguidade

primitivo (adj)	primitiv	[primi'tiv]
pré-histórico (adj)	preistoric	[preis'torik]
antigo (adj)	străvechi	[strə'veki]

Idade (f) da Pedra	Epoca (f) de piatră	['epoka de 'pjatrə]
Idade (f) do Bronze	Epoca (f) de bronz	['epoka de 'bronz]
Era (f) do Gelo	Epoca (f) glaciară	['epoka glatʃi'arə]

tribo (f)	trib (n)	[trib]
canibal (m)	canibal (m)	[kani'bal]
caçador (m)	vânător (m)	[vɨnə'tor]
caçar (vi)	a vâna	[a vi'na]
mamute (m)	mamut (m)	[ma'mut]

caverna (f)	peşteră (f)	['peʃterə]
fogo (m)	foc (n)	[fok]
fogueira (f)	foc (n) de tabără	[fok də ta'bərə]
pintura (f) rupestre	desen (n) pe piatră	[de'sen pe 'pjatrə]

ferramenta (f)	unealtă (f)	[u'nʲaltə]
lança (f)	suliţă (f)	['sulitsə]
machado (m) de pedra	topor (n) de piatră	[to'por din 'pjatrə]
guerrear (vt)	a lupta	[a lup'ta]
domesticar (vt)	a domestici	[a domesti'tʃi]

ídolo (m)	idol (m)	['idol]
adorar, venerar (vt)	a se închina	[a se inki'na]
superstição (f)	superstiţie (f)	[supers'titsie]

evolução (f)	evoluţie (f)	[evo'lutsie]
desenvolvimento (m)	dezvoltare (f)	[dezvol'tare]
extinção (f)	dispariţie (f)	[dispa'ritsie]
adaptar-se (vr)	a se acomoda	[a se akomo'da]

arqueologia (f)	arheologie (f)	[arheolo'dʒie]
arqueólogo (m)	arheolog (m)	[arheo'log]
arqueológico (adj)	arheologic	[arheo'lodʒik]

escavação (sítio)	săpături (f pl)	[səpə'turʲ]
escavações (f pl)	săpături (f pl)	[səpə'turʲ]
achado (m)	descoperire (f)	[deskope'rire]
fragmento (m)	fragment (n)	[frag'ment]

116. Idade média

povo (m)	popor (n)	[po'por]
povos (m pl)	popoare (n pl)	[popo'are]
tribo (f)	trib (n)	[trib]
tribos (f pl)	triburi (n pl)	['triburʲ]
bárbaros (pl)	barbari (m pl)	[bar'barʲ]
galeses (pl)	gali (m pl)	[galʲ]

godos (pl)	goți (m pl)	[gotsʲ]
eslavos (pl)	slavi (m pl)	[slavʲ]
viquingues (pl)	vikingi (m pl)	['vikindʒʲ]

| romanos (pl) | romani (m pl) | [ro'manʲ] |
| romano (adj) | roman | [ro'man] |

bizantinos (pl)	bizantinieni (m pl)	[bizantini'enʲ]
Bizâncio	Imperiul (n) Bizantin	[im'perjul bizan'tin]
bizantino (adj)	bizantin	[bizan'tin]

imperador (m)	împărat (m)	[impə'rat]
líder (m)	căpetenie (f)	[kəpe'tenie]
poderoso (adj)	puternic	[pu'ternik]
rei (m)	rege (m)	['redʒe]
governante (m)	conducător (m)	[konduke'tor]

cavaleiro (m)	cavaler (m)	[kava'ler]
senhor feudal (m)	feudal (m)	[feu'dal]
feudal (adj)	feudal	[feu'dal]
vassalo (m)	vasal (m)	[va'sal]

duque (m)	duce (m)	['dutʃe]
conde (m)	conte (m)	['konte]
barão (m)	baron (m)	[ba'ron]
bispo (m)	episcop (m)	[e'piskop]

armadura (f)	armură (f)	[ar'murə]
escudo (m)	scut (n)	[skut]
espada (f)	sabie (f)	['sabie]
viseira (f)	vizieră (f)	[vi'zjerə]
cota (f) de malha	zale (f pl)	['zale]

| cruzada (f) | cruciadă (f) | [krutʃi'adə] |
| cruzado (m) | cruciat (m) | [krutʃi'at] |

território (m)	teritoriu (n)	[teri'torju]
atacar (vt)	a ataca	[a ata'ka]
conquistar (vt)	a cuceri	[a kutʃe'ri]
ocupar, invadir (vt)	a cotropi	[a kotro'pi]

assédio, sítio (m)	asediu (n)	[a'sedju]
sitiado (adj)	asediat (m)	[asedi'at]
assediar, sitiar (vt)	a asedia	[a asedi'a]

inquisição (f)	inchiziție (f)	[inki'zitsie]
inquisidor (m)	inchizitor (m)	[inkizi'tor]
tortura (f)	tortură (f)	[tor'turə]
cruel (adj)	crud	[krud]
herege (m)	eretic (m)	[e'retik]
heresia (f)	erezie (f)	[ere'zie]

navegação (f) marítima	navigaţie (f) maritimă	[navi'gatsie ma'ritime]
pirata (m)	pirat (m)	[pi'rat]
pirataria (f)	piraterie (f)	[pirate'rie]
abordagem (f)	abordaj (n)	[abor'daʒ]

| presa (f), butim (m) | captură (f) | [kap'turə] |
| tesouros (m pl) | comoară (f) | [komo'arə] |

descobrimento (m)	descoperire (f)	[deskope'rire]
descobrir (novas terras)	a descoperi	[a deskope'ri]
expedição (f)	expediție (f)	[ekspe'ditsie]

mosqueteiro (m)	muşchetar (m)	[muʃke'tar]
cardeal (m)	cardinal (m)	[kardi'nal]
heráldica (f)	heraldică (f)	[he'raldikə]
heráldico (adj)	heraldic	[he'raldik]

117. Líder. Chefe. Autoridades

rei (m)	rege (m)	['redʒe]
rainha (f)	regină (f)	[re'dʒinə]
real (adj)	regal	[re'gal]
reino (m)	regat (n)	[re'gat]

| príncipe (m) | prinţ (m) | [prints] |
| princesa (f) | prinţesă (f) | [prin'tsesə] |

presidente (m)	preşedinte (m)	[preʃə'dinte]
vice-presidente (m)	vice-preşedinte (m)	['vitʃe preʃə'dinte]
senador (m)	senator (m)	[sena'tor]

monarca (m)	monarh (m)	[mo'narh]
governante (m)	conducător (m)	[konduke'tor]
ditador (m)	dictator (m)	[dikta'tor]
tirano (m)	tiran (m)	[ti'ran]
magnata (m)	magnat (m)	[mag'nat]

diretor (m)	director (m)	[di'rektor]
chefe (m)	şef (m)	[ʃef]
gerente (m)	manager (m)	['menedʒə]

| patrão (m) | boss (m) | [bos] |
| dono (m) | patron (m) | [pa'tron] |

chefe (m)	şef (m)	[ʃef]
autoridades (f pl)	autorităţi (f pl)	[autoritetsʲ]
superiores (m pl)	conducere (f)	[kon'dutʃere]

governador (m)	guvernator (m)	[guverna'tor]
cônsul (m)	consul (m)	['konsul]
diplomata (m)	diplomat (m)	[diplo'mat]

| Presidente (m) da Câmara | primar (m) | [pri'mar] |
| xerife (m) | şerif (m) | [ʃə'rif] |

imperador (m)	împărat (m)	[impə'rat]
czar (m)	ţar (m)	[tsar]
faraó (m)	faraon (m)	[fara'on]
cã, khan (m)	han (m)	[han]

118. Violação da lei. Criminosos. Parte 1

bandido (m)	bandit (m)	[ban'dit]
crime (m)	crimă (f)	['krimə]
criminoso (m)	criminal (m)	[krimi'nal]
ladrão (m)	hoț (m)	[hots]
roubar (vt)	a fura	[a fu'ra]
roubo (atividade)	hoție (f)	[ho'tsie]
furto (m)	furt (n)	[furt]
raptar, sequestrar (vt)	a răpi	[a rə'pi]
sequestro (m)	răpire (f)	[rə'pire]
sequestrador (m)	răpitor (m)	[rəpi'tor]
resgate (m)	răscumpărare (f)	[rəskumpə'rare]
pedir resgate	a cere răscumpărare	[a 'tʃere rəskumpə'rare]
roubar (vt)	a jefui	[a ʒefu'i]
assalto, roubo (m)	jaf (n)	[ʒaf]
assaltante (m)	jefuitor (m)	[ʒefui'tor]
extorquir (vt)	a escroca	[a eskro'ka]
extorsionário (m)	escroc (m)	[es'krok]
extorsão (f)	escrocherie (f)	[eskroke'rie]
matar, assassinar (vt)	a ucide	[a u'tʃide]
homicídio (m)	asasinat (n)	[asasi'nat]
homicida, assassino (m)	asasin (m)	[asa'sin]
tiro (m)	împușcătură (f)	[impuʃkə'turə]
dar um tiro	a împușca	[a impuʃ'ka]
matar a tiro	a împușca	[a impuʃ'ka]
disparar, atirar (vi)	a trage	[a 'tradʒə]
tiroteio (m)	focuri (n) de armă	['fokurʲ de 'armə]
incidente (m)	întâmplare (f)	[intim'plare]
briga (~ de rua)	bătaie (f)	[bə'tae]
vítima (f)	jertfă (f)	['ʒertfə]
danificar (vt)	a prejudicia	[a preʒuditʃi'a]
dano (m)	daună (f)	['daunə]
cadáver (m)	cadavru (n)	[ka'davru]
grave (adj)	grav	[grav]
atacar (vt)	a ataca	[a ata'ka]
bater (espancar)	a bate	[a 'bate]
espancar (vt)	a snopi în bătăi	[a sno'pi in bətəj]
tirar, roubar (dinheiro)	a lua	[a lu'a]
esfaquear (vt)	a înjunghia	[a inʒungi'ja]
mutilar (vt)	a schilodi	[a skilo'di]
ferir (vt)	a răni	[a rə'ni]
chantagem (f)	șantaj (n)	[ʃan'taʒ]
chantagear (vt)	a șantaja	[a ʃanta'ʒa]

chantagista (m)	şantajist (m)	[ʃanta'ʒist]
extorsão (f)	banditism (n)	[bandi'tizm]
extorsionário (m)	bandit (m)	[ban'dit]
gângster (m)	gangster (m)	['gangster]
máfia (f)	mafie (f)	['mafie]

punguista (m)	hoţ (m) de buzunare	[hoʦ de buzu'nare]
assaltante, ladrão (m)	spărgător (m)	[spərgə'tor]
contrabando (m)	contrabandă (f)	[kontra'bandə]
contrabandista (m)	contrabandist (m)	[kontraban'dist]

falsificação (f)	falsificare (f)	[falsifi'kare]
falsificar (vt)	a falsifica	[a falsifi'ka]
falsificado (adj)	fals	[fals]

119. Violação da lei. Criminosos. Parte 2

estupro (m)	viol (n)	[vi'ol]
estuprar (vt)	a viola	[a vio'la]
estuprador (m)	violator (m)	[viola'tor]
maníaco (m)	maniac (m)	[mani'ak]

prostituta (f)	prostituată (f)	[prostitu'atə]
prostituição (f)	prostituţie (f)	[prosti'tuʦie]
cafetão (m)	proxenet (m)	[prokse'net]

drogado (m)	narcoman (m)	[narko'man]
traficante (m)	vânzător (m) de droguri	[vɨnzə'tor de 'drogurʲ]

explodir (vt)	a arunca în aer	[a arun'ka ɨn 'aer]
explosão (f)	explozie (f)	[eks'plozie]
incendiar (vt)	a incendia	[a intʃendi'a]
incendiário (m)	incendiator (m)	[intʃendia'tor]

terrorismo (m)	terorism (n)	[tero'rism]
terrorista (m)	terorist (m)	[tero'rist]
refém (m)	ostatic (m)	[os'tatik]

enganar (vt)	a înşela	[a ɨnʃə'la]
engano (m)	înşelăciune (f)	[ɨnʃələ'ʧiune]
vigarista (m)	şarlatan (m)	[ʃarla'tan]

subornar (vt)	a mitui	[a mitu'i]
suborno (atividade)	mituire (f)	[mitu'ire]
suborno (dinheiro)	mită (f)	['mitə]

veneno (m)	otravă (f)	[o'travə]
envenenar (vt)	a otrăvi	[a otrə'vi]
envenenar-se (vr)	a se otrăvi	[a se otrə'vi]

suicídio (m)	sinucidere (f)	[sinu'ʧidere]
suicida (m)	sinucigaş (m)	[sinuʧi'gaʃ]
ameaçar (vt)	a ameninţa	[a amenin'ʦa]
ameaça (f)	ameninţare (f)	[amenin'ʦare]

atentar contra a vida de ...	a atenta la	[a aten'ta la]
atentado (m)	atentat (n)	[aten'tat]
roubar (um carro)	a goni	[a go'ni]
sequestrar (um avião)	a goni	[a go'ni]
vingança (f)	răzbunare (f)	[rəzbu'nare]
vingar (vt)	a răzbuna	[a rəzbu'na]
torturar (vt)	a tortura	[a tortu'ra]
tortura (f)	tortură (f)	[tor'turə]
atormentar (vt)	a chinui	[a kinu'i]
pirata (m)	pirat (m)	[pi'rat]
desordeiro (m)	huligan (m)	[huli'gan]
armado (adj)	înarmat	[inar'mat]
violência (f)	violență (f)	[vio'lentsə]
espionagem (f)	spionaj (n)	[spio'naʒ]
espionar (vi)	a spiona	[a spio'na]

120. Polícia. Lei. Parte 1

justiça (sistema de ~)	justiție (f)	[ʒus'titsie]
tribunal (m)	curte (f)	['kurte]
juiz (m)	judecător (m)	[ʒudekə'tor]
jurados (m pl)	jurați (m pl)	[ʒu'ratsʲ]
tribunal (m) do júri	curte (f) de jurați	['kurte de ʒu'ratsʲ]
julgar (vt)	a judeca	[a ʒude'ka]
advogado (m)	avocat (m)	[avo'kat]
réu (m)	acuzat (m)	[aku'zat]
banco (m) dos réus	banca (f) acuzaților	['banka aku'zatsilor]
acusação (f)	învinuire (f)	[invinu'ire]
acusado (m)	învinuit (m)	[invinu'it]
sentença (f)	verdict (n)	[ver'dikt]
sentenciar (vt)	a condamna	[a kondam'na]
culpado (m)	vinovat (m)	[vino'vat]
punir (vt)	a pedepsi	[a pedep'si]
punição (f)	pedeapsă (f)	[pe'dʲapsə]
multa (f)	amendă (f)	[a'mendə]
prisão (f) perpétua	închisoare (f) pe viață	[inkiso'are pe 'vjatsə]
pena (f) de morte	pedeapsă (f) capitală	[pe'dʲapsə kapi'talə]
cadeira (f) elétrica	scaun (n) electric	['skaun e'lektrik]
forca (f)	spânzurătoare (f)	[spinzurəto'are]
executar (vt)	a executa	[a egzeku'ta]
execução (f)	execuție (f)	[egze'kutsie]
prisão (f)	închisoare (f)	[inkiso'are]

cela (f) de prisão	cameră (f)	['kamerə]
escolta (f)	convoi (n)	[kon'voj]
guarda (m) prisional	paznic (m)	['paznik]
preso, prisioneiro (m)	arestat (m)	[ares'tat]

algemas (f pl)	cătuşe (f pl)	[kə'tuʃə]
algemar (vt)	a pune cătuşele	[a 'pune kə'tuʃəle]

fuga, evasão (f)	evadare (f)	[eva'dare]
fugir (vi)	a evada	[a eva'da]
desaparecer (vi)	a dispărea	[a dispə'r'a]
soltar, libertar (vt)	a elibera	[a elibe'ra]
anistia (f)	amnistie (f)	[am'nistie]

polícia (instituição)	poliţie (f)	[po'litsie]
polícia (m)	poliţist (m)	[poli'tsist]
delegacia (f) de polícia	secţie (f) de poliţie	['sektsie de po'litsie]
cassetete (m)	baston (n) de cauciuc	[bas'ton de kau'tʃiuk]
megafone (m)	portavoce (f)	[porta'votʃe]

carro (m) de patrulha	maşină (f) de patrulă	[ma'ʃine de pa'trulə]
sirene (f)	sirenă (f)	[si'renə]
ligar a sirene	a conecta sirena	[a konek'ta si'rena]
toque (m) da sirene	alarma (f) sirenei	[a'larma si'renej]

cena (f) do crime	locul (n) faptei	['lokul 'faptej]
testemunha (f)	martor (m)	['martor]
liberdade (f)	libertate (f)	[liber'tate]
cúmplice (m)	complice (m)	[kom'plitʃe]
escapar (vi)	a se ascunde	[a se as'kunde]
traço (não deixar ~s)	urmă (f)	['urmə]

121. Polícia. Lei. Parte 2

procura (f)	investigaţie (f)	[investi'gatsie]
procurar (vt)	a căuta	[a kəu'ta]
suspeita (f)	suspiciune (f)	[suspitʃi'une]
suspeito (adj)	suspect	[sus'pekt]
parar (veículo, etc.)	a opri	[a op'ri]
deter (fazer parar)	a reţine	[a re'tsine]

caso (~ criminal)	dosar (n)	[do'sar]
investigação (f)	anchetă (f)	[an'ketə]
detetive (m)	detectiv (m)	[detek'tiv]
investigador (m)	anchetator (m)	[anketa'tor]
versão (f)	versiune (f)	[versi'une]

motivo (m)	motiv (n)	[mo'tiv]
interrogatório (m)	interogatoriu (n)	[interoga'torju]
interrogar (vt)	a interoga	[a intero'ga]
questionar (vt)	a audia	[a audi'a]
verificação (f)	verificare (f)	[verifi'kare]
batida (f) policial	razie (f)	['razie]
busca (f)	percheziţie (f)	[perke'zitsie]

perseguição (f)	urmărire (f)	[urmə'rire]
perseguir (vt)	a urmări	[a urmə'ri]
seguir, rastrear (vt)	a urmări	[a urmə'ri]

prisão (f)	arestare (f)	[ares'tare]
prender (vt)	a aresta	[a ares'ta]
pegar, capturar (vt)	a prinde	[a 'prinde]
captura (f)	prindere (f)	['prindere]

documento (m)	act (n)	[akt]
prova (f)	dovadă (f)	[do'vadə]
provar (vt)	a dovedi	[a dove'di]
pegada (f)	amprentă (f)	[am'prentə]
impressões (f pl) digitais	amprente (f pl) digitale	[am'prente didʒi'tale]
prova (f)	probă (f)	['probə]

álibi (m)	alibi (n)	['alibi]
inocente (adj)	nevinovat (m)	[nevino'vat]
injustiça (f)	nedreptate (f)	[nedrep'tate]
injusto (adj)	nedrept	[ne'drept]

criminal (adj)	criminal (m)	[krimi'nal]
confiscar (vt)	a confisca	[a konfis'ka]
droga (f)	narcotic (n)	[nar'kotik]
arma (f)	armă (f)	['armə]
desarmar (vt)	a dezarma	[a dezar'ma]
ordenar (vt)	a ordona	[a ordo'na]
desaparecer (vi)	a dispărea	[a dispə'r'a]

lei (f)	lege (f)	['ledʒe]
legal (adj)	legal	[le'gal]
ilegal (adj)	ilegal	[ile'gal]

responsabilidade (f)	responsabilitate (f)	[responsabili'tate]
responsável (adj)	responsabil	[respon'sabil]

NATUREZA

A Terra. Parte 1

122. Espaço sideral

espaço, cosmo (m)	cosmos (n)	['kosmos]
espacial, cósmico (adj)	cosmic	['kosmik]
espaço (m) cósmico	spaţiu (n) cosmic	['spatsju 'kosmik]
galáxia (f)	galaxie (f)	[galak'sie]
estrela (f)	stea (f)	[stʲa]
constelação (f)	constelaţie (f)	[konste'latsie]
planeta (m)	planetă (f)	[pla'netə]
satélite (m)	satelit (m)	[sate'lit]
meteorito (m)	meteorit (m)	[meteo'rit]
cometa (m)	cometă (f)	[ko'metə]
asteroide (m)	asteroid (m)	[astero'id]
órbita (f)	orbită (f)	[or'bitə]
girar (vi)	a se roti	[a se ro'ti]
atmosfera (f)	atmosferă (f)	[atmos'ferə]
Sol (m)	soare (n)	[so'are]
Sistema (m) Solar	sistem (n) solar	[sis'tem so'lar]
eclipse (m) solar	eclipsă (f) de soare	[ek'lipsə de so'are]
Terra (f)	Pământ (n)	[pə'mint]
Lua (f)	Lună (f)	['lunə]
Marte (m)	Marte (m)	['marte]
Vênus (f)	Venus (f)	['venus]
Júpiter (m)	Jupiter (m)	['ʒupiter]
Saturno (m)	Saturn (m)	[sa'turn]
Mercúrio (m)	Mercur (m)	[mer'kur]
Urano (m)	Uranus (m)	[u'ranus]
Netuno (m)	Neptun (m)	[nep'tun]
Plutão (m)	Pluto (m)	['pluto]
Via Láctea (f)	Calea (f) Lactee	['kalʲa lak'tee]
Ursa Maior (f)	Ursa (f) mare	['ursa 'mare]
Estrela Polar (f)	Steaua (f) polară	['stʲawa po'larə]
marciano (m)	marţian (m)	[martsi'an]
extraterrestre (m)	extraterestru (m)	[ekstrate'restru]
alienígena (m)	extraterestru (m)	[ekstrate'restru]

disco (m) voador	farfurie (f) zburătoare	[farfu'rie zburəto'are]
espaçonave (f)	navă (f) spaţială	['navə spatsi'alə]
estação (f) orbital	staţie (f) orbitală	['statsie orbi'talə]
lançamento (m)	start (n)	[start]
motor (m)	motor (n)	[mo'tor]
bocal (m)	ajutaj (n)	[aʒu'taʒ]
combustível (m)	combustibil (m)	[kombus'tibil]
cabine (f)	cabină (f)	[ka'binə]
antena (f)	antenă (f)	[an'tenə]
vigia (f)	hublou (n)	[hu'blou]
bateria (f) solar	baterie (f) solară	[bate'rie so'larə]
traje (m) espacial	scafandru (m)	[ska'fandru]
imponderabilidade (f)	imponderabilitate (f)	[imponderabili'tate]
oxigênio (m)	oxigen (n)	[oksi'dʒen]
acoplagem (f)	unire (f)	[u'nire]
fazer uma acoplagem	a uni	[a u'ni]
observatório (m)	observator (n) astronomic	[observa'tor astro'nomik]
telescópio (m)	telescop (n)	[tele'skop]
observar (vt)	a observa	[a obser'va]
explorar (vt)	a cerceta	[a tʃertʃe'ta]

123. A Terra

Terra (f)	Pământ (n)	[pə'mint]
globo terrestre (Terra)	globul (n) pământesc	['globul pəmin'tesk]
planeta (m)	planetă (f)	[pla'netə]
atmosfera (f)	atmosferă (f)	[atmos'ferə]
geografia (f)	geografie (f)	[dʒeogra'fie]
natureza (f)	natură (f)	[na'turə]
globo (mapa esférico)	glob (n)	[glob]
mapa (m)	hartă (f)	['hartə]
atlas (m)	atlas (n)	[at'las]
Europa (f)	Europa (f)	[eu'ropa]
Ásia (f)	Asia (f)	['asia]
África (f)	Africa (f)	['afrika]
Austrália (f)	Australia (f)	[au'stralia]
América (f)	America (f)	[a'merika]
América (f) do Norte	America (f) de Nord	[a'merika de nord]
América (f) do Sul	America (f) de Sud	[a'merika de sud]
Antártida (f)	Antarctida (f)	[antark'tida]
Ártico (m)	Arctica (f)	['arktika]

124. Pontos cardeais

norte (m)	nord (n)	[nord]
para norte	la nord	[la nord]
no norte	la nord	[la nord]
do norte (adj)	de nord	[de nord]
sul (m)	sud (n)	[sud]
para sul	la sud	[la sud]
no sul	la sud	[la sud]
do sul (adj)	de sud	[de sud]
oeste, ocidente (m)	vest (n)	[vest]
para oeste	la vest	[la vest]
no oeste	la vest	[la vest]
ocidental (adj)	de vest	[de vest]
leste, oriente (m)	est (n)	[est]
para leste	la est	[la est]
no leste	la est	[la est]
oriental (adj)	de est	[de est]

125. Mar. Oceano

mar (m)	mare (f)	['mare]
oceano (m)	ocean (n)	[otʃə'an]
golfo (m)	golf (n)	[golf]
estreito (m)	strâmtoare (f)	[strimto'are]
continente (m)	continent (n)	[konti'nent]
ilha (f)	insulă (f)	['insulə]
península (f)	peninsulă (f)	[pe'ninsulə]
arquipélago (m)	arhipelag (n)	[arhipe'lag]
baía (f)	golf (n)	[golf]
porto (m)	port (n)	[port]
lagoa (f)	lagună (f)	[la'gunə]
cabo (m)	cap (n)	[kap]
atol (m)	atol (m)	[a'tol]
recife (m)	recif (m)	[re'ʧif]
coral (m)	coral (m)	[ko'ral]
recife (m) de coral	recif (m) de corali	[re'ʧif de ko'ralj]
profundo (adj)	adânc	[a'dink]
profundidade (f)	adâncime (f)	[adin'ʧime]
abismo (m)	abis (n)	[a'bis]
fossa (f) oceânica	groapă (f)	[gro'apə]
corrente (f)	curent (n)	[ku'rent]
banhar (vt)	a spăla	[a spə'la]
litoral (m)	mal (n)	[mal]
costa (f)	litoral (n)	[lito'ral]

maré (f) alta	flux (n)	[fluks]
refluxo (m)	reflux (n)	[re'fluks]
restinga (f)	banc (n) de nisip	[bank de ni'sip]
fundo (m)	fund (n)	[fund]

onda (f)	val (n)	[val]
crista (f) da onda	creasta (f) valului	['kr'asta 'valuluj]
espuma (f)	spumă (f)	['spumə]

tempestade (f)	furtună (f)	[fur'tunə]
furacão (m)	uragan (m)	[ura'gan]
tsunami (m)	tsunami (n)	[tsu'nami]
calmaria (f)	timp (n) calm	[timp kalm]
calmo (adj)	liniştit	[liniʃ'tit]

polo (m)	pol (n)	[pol]
polar (adj)	polar	[po'lar]

latitude (f)	longitudine (f)	[londʒi'tudine]
longitude (f)	latitudine (f)	[lati'tudine]
paralela (f)	paralelă (f)	[para'lelə]
equador (m)	ecuator (n)	[ekua'tor]

céu (m)	cer (n)	[ʧer]
horizonte (m)	orizont (n)	[ori'zont]
ar (m)	aer (n)	['aer]

farol (m)	far (n)	[far]
mergulhar (vi)	a se scufunda	[a se skufun'da]
afundar-se (vr)	a se duce la fund	[a se duʧə l'a fund]
tesouros (m pl)	comoară (f)	[komo'arə]

126. Nomes de Mares e Oceanos

Oceano (m) Atlântico	Oceanul (n) Atlantic	[oʧə'anul at'lantik]
Oceano (m) Índico	Oceanul (n) Indian	[oʧə'anul indi'an]
Oceano (m) Pacífico	Oceanul (n) Pacific	[oʧə'anul pa'ʧifik]
Oceano (m) Ártico	Oceanul (n) Îngheţat de Nord	[oʧə'anul ɨnge'tsat de nord]

Mar (m) Negro	Marea (f) Neagră	['mar'a 'n'agrə]
Mar (m) Vermelho	Marea (f) Roşie	['mar'a 'roʃie]
Mar (m) Amarelo	Marea (f) Galbenă	['mar'a 'galbenə]
Mar (m) Branco	Marea (f) Albă	['mar'a 'albə]

Mar (m) Cáspio	Marea (f) Caspică	['mar'a 'kaspikə]
Mar (m) Morto	Marea (f) Moartă	['mar'a mo'artə]
Mar (m) Mediterrâneo	Marea (f) Mediterană	['mar'a medite'ranə]

Mar (m) Egeu	Marea (f) Egee	['mar'a e'dʒee]
Mar (m) Adriático	Marea (f) Adriatică	['mar'a adri'atikə]

Mar (m) Arábico	Marea (f) Arabiei	['mar'a a'rabiej]
Mar (m) do Japão	Marea (f) Japoneză	['mar'a ʒapo'nezə]

| Mar (m) de Bering | Marea (f) Bering | ['mar'a 'bering] |
| Mar (m) da China Meridional | Marea (f) Chinei de Sud | ['mar'a 'kinej de sud] |

Mar (m) de Coral	Marea (f) Coral	['mar'a ko'ral]
Mar (m) de Tasman	Marea (f) Tasmaniei	['mar'a tas'maniej]
Mar (m) do Caribe	Marea (f) Caraibelor	['mar'a kara'ibelor]

| Mar (m) de Barents | Marea (f) Barents | ['mar'a ba'rents] |
| Mar (m) de Kara | Marea (f) Kara | ['mar'a 'kara] |

Mar (m) do Norte	Marea (f) Nordului	['mar'a 'norduluj]
Mar (m) Báltico	Marea (f) Baltică	['mar'a 'baltikə]
Mar (m) da Noruega	Marea (f) Norvegiei	['mar'a nor'vedʒiej]

127. Montanhas

montanha (f)	munte (m)	['munte]
cordilheira (f)	lanţ (n) muntos	[lants mun'tos]
serra (f)	lanţ (n) de munţi	[lants de munts]

cume (m)	vârf (n)	[virf]
pico (m)	culme (f)	['kulmə]
pé (m)	poale (f pl)	[po'ale]
declive (m)	pantă (f)	['pantə]

vulcão (m)	vulcan (n)	[vul'kan]
vulcão (m) ativo	vulcan (n) activ	[vul'kan ak'tiv]
vulcão (m) extinto	vulcan (n) stins	[vul'kan stins]

erupção (f)	erupţie (f)	[e'ruptsie]
cratera (f)	crater (n)	['krater]
magma (m)	magmă (f)	['magmə]
lava (f)	lavă (f)	['lavə]
fundido (lava ~a)	încins	[in'tʃins]

cânion, desfiladeiro (m)	canion (n)	[kani'on]
garganta (f)	defileu (n)	[defi'leu]
fenda (f)	pas (n)	[pas]

passo, colo (m)	trecătoare (f)	[trekəto'are]
planalto (m)	podiş (n)	[po'diʃ]
falésia (f)	stâncă (f)	['stinkə]
colina (f)	deal (n)	['d'al]

geleira (f)	gheţar (m)	[ge'tsar]
cachoeira (f)	cascadă (f)	[kas'kadə]
gêiser (m)	gheizer (m)	['gejzer]
lago (m)	lac (n)	[lak]

planície (f)	şes (n)	[ʃes]
paisagem (f)	peisaj (n)	[pej'saʒ]
eco (m)	ecou (n)	[e'kou]
alpinista (m)	alpinist (m)	[alpi'nist]
escalador (m)	căţărător (m)	[kətsərə'tor]

conquistar (vt)	a cuceri	[a kutʃe'ri]
subida, escalada (f)	ascensiune (f)	[astʃensi'une]

128. Nomes de montanhas

Alpes (m pl)	Alpi (m pl)	['alpʲ]
Monte Branco (m)	Mont Blanc (m)	[mon 'blan]
Pirineus (m pl)	Pirinei (m)	[piri'nej]
Cárpatos (m pl)	Carpaţi (m pl)	[kar'patsʲ]
Urais (m pl)	Munţii (m pl) Ural	['muntsij u'ral]
Cáucaso (m)	Caucaz (m)	[kau'kaz]
Elbrus (m)	Elbrus (m)	['elbrus]
Altai (m)	Altai (m)	[al'taj]
Tian Shan (m)	Tian-Şan (m)	['tjan 'ʃan]
Pamir (m)	Pamir (m)	[pa'mir]
Himalaia (m)	Himalaya	[hima'laja]
monte Everest (m)	Everest (m)	[eve'rest]
Cordilheira (f) dos Andes	Anzi	['anzʲ]
Kilimanjaro (m)	Kilimanjaro (m)	[kiliman'ʒaro]

129. Rios

rio (m)	râu (n)	['riu]
fonte, nascente (f)	izvor (n)	[iz'vor]
leito (m) de rio	matcă (f)	['matkə]
bacia (f)	bazin (n)	[ba'zin]
desaguar no ...	a se vărsa	[a se vər'sa]
afluente (m)	afluent (m)	[aflu'ent]
margem (do rio)	mal (n)	[mal]
corrente (f)	curs (n)	[kurs]
rio abaixo	în josul apei	[in 'ʒosul 'apej]
rio acima	în susul apei	[in 'susul 'apej]
inundação (f)	inundaţie (f)	[inun'datsie]
cheia (f)	revărsare (f) a apelor	[revər'sare a 'apelor]
transbordar (vi)	a se revărsa	[a se revər'sa]
inundar (vt)	a inunda	[a inun'da]
banco (m) de areia	banc (n) de nisip	[bank de ni'sip]
corredeira (f)	prag (n)	[prag]
barragem (f)	baraj (n)	[ba'raʒ]
canal (m)	canal (n)	[ka'nal]
reservatório (m) de água	bazin (n)	[ba'zin]
eclusa (f)	ecluză (f)	[e'kluzə]
corpo (m) de água	bazin (n)	[ba'zin]
pântano (m)	mlaştină (f)	['mlaʃtinə]

| lamaçal (m) | mlaştină (f), smârc (n) | ['mlaʃtinə], [smɨrk] |
| redemoinho (m) | vârtej (n) de apă | [vir'teʒ de 'apə] |

riacho (m)	pârâu (n)	[pɨ'riu]
potável (adj)	potabil	[po'tabil]
doce (água)	nesărat	[nesə'rat]

| gelo (m) | gheață (f) | ['gʲatsə] |
| congelar-se (vr) | a îngheța | [a ɨnge'tsa] |

130. Nomes de rios

| rio Sena (m) | Sena (f) | ['sena] |
| rio Loire (m) | Loara (f) | [lo'ara] |

rio Tâmisa (m)	Tamisa (f)	[ta'misa]
rio Reno (m)	Rin (m)	[rin]
rio Danúbio (m)	Dunăre (f)	['dunəre]

rio Volga (m)	Volga (f)	['volga]
rio Don (m)	Don (m)	[don]
rio Lena (m)	Lena (f)	['lena]

rio Amarelo (m)	Huang He (m)	[huan 'he]
rio Yangtzé (m)	Yangtze (m)	[janʦ'zi]
rio Mekong (m)	Mekong (m)	[me'kong]
rio Ganges (m)	Gang (m)	[gang]

rio Nilo (m)	Nil (m)	[nil]
rio Congo (m)	Congo (m)	['kongo]
rio Cubango (m)	Okavango (m)	[oka'vango]
rio Zambeze (m)	Zambezi (m)	[zam'bezi]
rio Limpopo (m)	Limpopo (m)	[limpo'po]
rio Mississippi (m)	Mississippi (m)	[misi'sipi]

131. Floresta

| floresta (f), bosque (m) | pădure (f) | [pə'dure] |
| florestal (adj) | de pădure | [de pə'dure] |

mata (f) fechada	desiş (n)	[de'siʃ]
arvoredo (m)	pădurice (f)	[pədu'ritʃe]
clareira (f)	poiană (f)	[po'janə]

| matagal (m) | tufiş (n) | [tu'fiʃ] |
| mato (m), caatinga (f) | arbust (m) | [ar'bust] |

| pequena trilha (f) | cărare (f) | [kə'rare] |
| ravina (f) | râpă (f) | ['rɨpə] |

| árvore (f) | copac (m) | [ko'pak] |
| folha (f) | frunză (f) | ['frunzə] |

folhagem (f)	frunziş (n)	[frun'ziʃ]
queda (f) das folhas	cădere (f) a frunzelor	[kə'dere a 'frunzelor]
cair (vi)	a cădea	[a kə'dʲa]
topo (m)	vârf (n)	[virf]

ramo (m)	ramură (f)	['ramurə]
galho (m)	creangă (f)	['krʲangə]
botão (m)	mugur (m)	['mugur]
agulha (f)	ac (n)	[ak]
pinha (f)	con (n)	[kon]

buraco (m) de árvore	scorbură (f)	['skorburə]
ninho (m)	cuib (n)	[kujb]
toca (f)	vizuină (f)	[vizu'inə]

tronco (m)	trunchi (n)	[trunkʲ]
raiz (f)	rădăcină (f)	[rədə'tʃinə]
casca (f) de árvore	scoarţă (f)	[sko'artsə]
musgo (m)	muşchi (m)	[muʃkʲ]

arrancar pela raiz	a defrişa	[a defri'ʃa]
cortar (vt)	a tăia	[a tə'ja]
desflorestar (vt)	a doborî	[a dobo'ri]
toco, cepo (m)	buturugă (f)	[butu'rugə]

fogueira (f)	foc (n)	[fok]
incêndio (m) florestal	incendiu (n)	[in'tʃendju]
apagar (vt)	a stinge	[a 'stindʒe]

guarda-parque (m)	pădurar (m)	[pədu'rar]
proteção (f)	protecţie (f)	[pro'tektsie]
proteger (a natureza)	a ocroti	[a okro'ti]
caçador (m) furtivo	braconier (m)	[brako'njer]
armadilha (f)	capcană (f)	[kap'kanə]

| colher (cogumelos, bagas) | a strânge | [a 'strindʒe] |
| perder-se (vr) | a se rătăci | [a se rətə'tʃi] |

132. Recursos naturais

recursos (m pl) naturais	resurse (f pl) naturale	[re'surse natu'rale]
minerais (m pl)	bogăţii (f pl) minerale	[bogə'tsij mine'rale]
depósitos (m pl)	depozite (n pl)	[de'pozite]
jazida (f)	zăcământ (n)	[zəkə'mint]

extrair (vt)	a extrage	[a eks'tradʒe]
extração (f)	obţinere (f)	[ob'tsinere]
minério (m)	minereu (n)	[mine'reu]
mina (f)	mină (f)	['minə]
poço (m) de mina	puţ (n)	['puts]
mineiro (m)	miner (m)	[mi'ner]

| gás (m) | gaz (n) | [gaz] |
| gasoduto (m) | conductă (f) de gaze | [kon'duktə de 'gaze] |

petróleo (m)	petrol (n)	[pe'trol]
oleoduto (m)	conductă (f) de petrol	[kon'duktə de pe'trol]
poço (m) de petróleo	sondă (f) de țiței (n)	['sondə de tsi'tsej]
torre (f) petrolífera	turlă (f) de foraj	['turlə de fo'raʒ]
petroleiro (m)	tanc (n) petrolier	['tank petro'ljer]

areia (f)	nisip (n)	[ni'sip]
calcário (m)	calcar (n)	[kal'kar]
cascalho (m)	pietriş (n)	[pe'triʃ]
turfa (f)	turbă (f)	['turbə]
argila (f)	argilă (f)	[ar'dʒilə]
carvão (m)	cărbune (m)	[kər'bune]

ferro (m)	fier (m)	[fier]
ouro (m)	aur (n)	['aur]
prata (f)	argint (n)	[ar'dʒint]
níquel (m)	nichel (n)	['nikel]
cobre (m)	cupru (n)	['kupru]

zinco (m)	zinc (n)	[zink]
manganês (m)	mangan (n)	[man'gan]
mercúrio (m)	mercur (n)	[mer'kur]
chumbo (m)	plumb (n)	[plumb]

mineral (m)	mineral (n)	[mine'ral]
cristal (m)	cristal (n)	[kris'tal]
mármore (m)	marmură (f)	['marmurə]
urânio (m)	uraniu (n)	[u'ranju]

A Terra. Parte 2

133. Tempo

tempo (m)	timp (n)	[timp]
previsão (f) do tempo	prognoză (f) meteo	[prog'nozə 'meteo]
temperatura (f)	temperatură (f)	[tempera'turə]
termômetro (m)	termometru (n)	[termo'metru]
barômetro (m)	barometru (n)	[baro'metru]
umidade (f)	umiditate (f)	[umidi'tate]
calor (m)	caniculă (f)	[ka'nikulə]
tórrido (adj)	fierbinte	[fier'binte]
está muito calor	e foarte cald	[e fo'arte kald]
está calor	e cald	[e kald]
quente (morno)	cald	[kald]
está frio	e frig	[e frig]
frio (adj)	rece	['retʃe]
sol (m)	soare (n)	[so'are]
brilhar (vi)	a străluci	[a strəlu'tʃi]
de sol, ensolarado	însorit	[inso'rit]
nascer (vi)	a răsări	[a rəsə'ri]
pôr-se (vr)	a apune	[a a'pune]
nuvem (f)	nor (m)	[nor]
nublado (adj)	înnorat	[inno'rat]
nuvem (f) preta	nor (m)	[nor]
escuro, cinzento (adj)	mohorât	[moho'rit]
chuva (f)	ploaie (f)	[plo'ae]
está a chover	plouă	['plowə]
chuvoso (adj)	ploios	[plo'jos]
chuviscar (vi)	a bura	[a bu'ra]
chuva (f) torrencial	ploaie (f) torenţială	[plo'ae toren'tsjale]
aguaceiro (m)	rupere (f) de nori	['rupere de 'nori]
forte (chuva, etc.)	puternic	[pu'ternik]
poça (f)	băltoacă (f)	[bəlto'akə]
molhar-se (vr)	a se uda	[a se u'da]
nevoeiro (m)	ceaţă (f)	['tʃatsə]
de nevoeiro	ceţos	[tʃe'tsos]
neve (f)	zăpadă (f)	[zə'padə]
está nevando	ninge	['nindʒe]

134. Tempo extremo. Catástrofes naturais

trovoada (f)	furtună (f)	[fur'tunə]
relâmpago (m)	fulger (n)	['fuldʒer]
relampejar (vi)	a fulgera	[a fuldʒe'ra]
trovão (m)	tunet (n)	['tunet]
trovejar (vi)	a tuna	[a tu'na]
está trovejando	tună	['tunə]
granizo (m)	grindină (f)	[grin'dinə]
está caindo granizo	plouă cu gheaţă	['plowə ku 'gʲatsə]
inundar (vt)	a inunda	[a inun'da]
inundação (f)	inundaţie (f)	[inun'datsie]
terremoto (m)	cutremur (n)	[ku'tremur]
abalo, tremor (m)	zguduire (f)	[zgudu'ire]
epicentro (m)	epicentru (m)	[epi'tʃentru]
erupção (f)	erupţie (f)	[e'ruptsie]
lava (f)	lavă (f)	['lavə]
tornado (m)	vârtej (n)	[vir'teʒ]
tornado (m)	tornadă (f)	[tor'nadə]
tufão (m)	taifun (n)	[taj'fun]
furacão (m)	uragan (m)	[ura'gan]
tempestade (f)	furtună (f)	[fur'tunə]
tsunami (m)	tsunami (n)	[tsu'nami]
ciclone (m)	ciclon (m)	[tʃi'klon]
mau tempo (m)	vreme (f) rea	['vreme rʲa]
incêndio (m)	incendiu (n)	[in'tʃendju]
catástrofe (f)	catastrofă (f)	[katas'trofə]
meteorito (m)	meteorit (m)	[meteo'rit]
avalanche (f)	avalanşă (f)	[ava'lanʃə]
deslizamento (m) de neve	prăbuşire (f)	[prəbu'ʃire]
nevasca (f)	viscol (n)	['viskol]
tempestade (f) de neve	viscol (n)	['viskol]

127

Fauna

135. Mamíferos. Predadores

predador (m)	prădător (n)	[prədə'tor]
tigre (m)	tigru (m)	['tigru]
leão (m)	leu (m)	['leu]
lobo (m)	lup (m)	[lup]
raposa (f)	vulpe (f)	['vulpe]
jaguar (m)	jaguar (m)	[ʒagu'ar]
leopardo (m)	leopard (m)	[leo'pard]
chita (f)	ghepard (m)	[ge'pard]
pantera (f)	panteră (f)	[pan'terə]
puma (m)	pumă (f)	['pumə]
leopardo-das-neves (m)	ghepard (m)	[ge'pard]
lince (m)	râs (m)	[ris]
coiote (m)	coiot (m)	[ko'jot]
chacal (m)	şacal (m)	[ʃa'kal]
hiena (f)	hienă (f)	[hi'enə]

136. Animais selvagens

animal (m)	animal (n)	[ani'mal]
besta (f)	animal (n) sălbatic	[ani'mal səl'batik]
esquilo (m)	veveriţă (f)	[veve'ritsə]
ouriço (m)	arici (m)	[a'ritʃi]
lebre (f)	iepure (m)	['jepure]
coelho (m)	iepure (m) de casă	['jepure de 'kasə]
texugo (m)	bursuc (m)	[bur'suk]
guaxinim (m)	enot (m)	[e'not]
hamster (m)	hârciog (m)	[hir'tʃiog]
marmota (f)	marmotă (f)	[mar'motə]
toupeira (f)	cârtiţă (f)	['kirtitsə]
rato (m)	şoarece (m)	[ʃo'aretʃe]
ratazana (f)	şobolan (m)	[ʃobo'lan]
morcego (m)	liliac (m)	[lili'ak]
arminho (m)	hermină (f)	[her'minə]
zibelina (f)	samur (m)	[sa'mur]
marta (f)	jder (m)	[ʒder]
doninha (f)	nevăstuică (f)	[nevəs'tujkə]
visom (m)	nurcă (f)	['nurkə]

castor (m)	castor (m)	['kastor]
lontra (f)	vidră (f)	['vidrə]
cavalo (m)	cal (m)	[kal]
alce (m)	elan (m)	[e'lan]
veado (m)	cerb (m)	[ʧerb]
camelo (m)	cămilă (f)	[kə'milə]
bisão (m)	bizon (m)	[bi'zon]
auroque (m)	zimbru (m)	['zimbru]
búfalo (m)	bivol (m)	['bivol]
zebra (f)	zebră (f)	['zebrə]
antílope (m)	antilopă (f)	[anti'lopə]
corça (f)	căprioară (f)	[kəprio'arə]
gamo (m)	ciută (f)	['ʧiutə]
camurça (f)	capră (f) neagră	['kaprə 'nʲagrə]
javali (m)	mistreț (m)	[mis'treʦ]
baleia (f)	balenă (f)	[ba'lenə]
foca (f)	focă (f)	['fokə]
morsa (f)	morsă (f)	['morsə]
urso-marinho (m)	urs (m) de mare	[urs de 'mare]
golfinho (m)	delfin (m)	[del'fin]
urso (m)	urs (m)	[urs]
urso (m) polar	urs (m) polar	[urs po'lar]
panda (m)	panda (m)	['panda]
macaco (m)	maimuță (f)	[maj'muʦə]
chimpanzé (m)	cimpanzeu (m)	[ʧimpan'zeu]
orangotango (m)	urangutan (m)	[urangu'tan]
gorila (m)	gorilă (f)	[go'rilə]
macaco (m)	macac (m)	[ma'kak]
gibão (m)	gibon (m)	[dʒi'bon]
elefante (m)	elefant (m)	[ele'fant]
rinoceronte (m)	rinocer (m)	[rino'ʧer]
girafa (f)	girafă (f)	[dʒi'rafə]
hipopótamo (m)	hipopotam (m)	[hipopo'tam]
canguru (m)	cangur (m)	['kangur]
coala (m)	koala (f)	[ko'ala]
mangusto (m)	mangustă (f)	[man'gustə]
chinchila (f)	şinşilă (f)	[ʃin'ʃilə]
cangambá (f)	sconcs (m)	[skonks]
porco-espinho (m)	porc (m) spinos	[pork spi'nos]

137. Animais domésticos

gata (f)	pisică (f)	[pi'sikə]
gato (m) macho	motan (m)	[mo'tan]
cavalo (m)	cal (m)	[kal]

garanhão (m)	armăsar (m)	[armə'sar]
égua (f)	iapă (f)	['japə]
vaca (f)	vacă (f)	['vakə]
touro (m)	taur (m)	['taur]
boi (m)	bou (m)	['bou]
ovelha (f)	oaie (f)	[o'ae]
carneiro (m)	berbec (m)	[ber'bek]
cabra (f)	capră (f)	['kaprə]
bode (m)	ţap (m)	[tsap]
burro (m)	măgar (m)	[mə'gar]
mula (f)	catâr (m)	[ka'tir]
porco (m)	porc (m)	[pork]
leitão (m)	purcel (m)	[pur'tʃel]
coelho (m)	iepure (m) de casă	['jepure de 'kasə]
galinha (f)	găină (f)	[gə'inə]
galo (m)	cocoş (m)	[ko'koʃ]
pata (f), pato (m)	raţă (f)	['ratsə]
pato (m)	răţoi (m)	[rə'tsoj]
ganso (m)	gâscă (f)	['giskə]
peru (m)	curcan (m)	[kur'kan]
perua (f)	curcă (f)	['kurkə]
animais (m pl) domésticos	animale (n pl) domestice	[ani'male do'mestitʃe]
domesticado (adj)	domestic	[do'mestik]
domesticar (vt)	a domestici	[a domesti'tʃi]
criar (vt)	a creşte	[a 'kreʃte]
fazenda (f)	fermă (f)	['fermə]
aves (f pl) domésticas	păsări (f pl) de curte	[pəsərʲ de 'kurte]
gado (m)	vite (f pl)	['vite]
rebanho (m), manada (f)	turmă (f)	['turmə]
estábulo (m)	grajd (n)	[graʒd]
chiqueiro (m)	cocină (f) de porci	[ko'tʃinə de 'portʃi]
estábulo (m)	grajd (n) pentru vaci	['graʒd 'pentru 'vatʃi]
coelheira (f)	cuşcă (f) pentru iepuri	['kuʃkə 'pentru 'epurʲ]
galinheiro (m)	coteţ (n) de găini	[ko'tets de gə'inʲ]

138. Pássaros

pássaro (m), ave (f)	pasăre (f)	['pasəre]
pombo (m)	porumbel (m)	[porum'bel]
pardal (m)	vrabie (f)	['vrabie]
chapim-real (m)	piţigoi (m)	[pitsi'goj]
pega-rabuda (f)	coţofană (f)	[kotso'fanə]
corvo (m)	corb (m)	[korb]
gralha-cinzenta (f)	cioară (f)	[tʃio'arə]

gralha-de-nuca-cinzenta (f)	stancă (f)	['stankə]
gralha-calva (f)	cioară (f) de câmp	[ʧio'arə de 'kimp]
pato (m)	rață (f)	['raʦə]
ganso (m)	gâscă (f)	['giskə]
faisão (m)	fazan (m)	[fa'zan]
águia (f)	acvilă (f)	['akvilə]
açor (m)	uliu (m)	['ulju]
falcão (m)	şoim (m)	[ʃojm]
abutre (m)	vultur (m)	['vultur]
condor (m)	condor (m)	[kon'dor]
cisne (m)	lebădă (f)	['lebədə]
grou (m)	cocor (m)	[ko'kor]
cegonha (f)	cocostârc (m)	[kokos'tirk]
papagaio (m)	papagal (m)	[papa'gal]
beija-flor (m)	pasărea (f) colibri	['pasərʲa ko'libri]
pavão (m)	păun (m)	[pə'un]
avestruz (m)	struț (m)	[struʦ]
garça (f)	stârc (m)	[stirk]
flamingo (m)	flamingo (m)	[fla'mingo]
pelicano (m)	pelican (m)	[peli'kan]
rouxinol (m)	privighetoare (f)	[privigeto'are]
andorinha (f)	rândunică (f)	[rindu'nikə]
tordo-zornal (m)	mierlă (f)	['merlə]
tordo-músico (m)	sturz-cântător (m)	[sturz kintə'tor]
melro-preto (m)	mierlă (f) sură	['merlə 'surə]
andorinhão (m)	lăstun (m)	[ləs'tun]
cotovia (f)	ciocârlie (f)	[ʧiokir'lie]
codorna (f)	prepeliță (f)	[prepe'liʦə]
pica-pau (m)	ciocănitoare (f)	[ʧiokənito'are]
cuco (m)	cuc (m)	[kuk]
coruja (f)	bufniță (f)	['bufniʦə]
bufo-real (m)	buha mare (f)	['buhə 'mare]
tetraz-grande (m)	cocoş (m) de munte	[ko'koʃ de 'munte]
tetraz-lira (m)	cocoş (m) sălbatic	[ko'koʃ səlba'tik]
perdiz-cinzenta (f)	potârniche (f)	[potir'nike]
estorninho (m)	graur (m)	['graur]
canário (m)	canar (m)	[ka'nar]
galinha-do-mato (f)	găinuşă de alun (f)	[gəi'nuʃə de a'lun]
tentilhão (m)	cinteză (f)	[ʧin'tezə]
dom-fafe (m)	botgros (m)	[bot'gros]
gaivota (f)	pescăruş (m)	[peskə'ruʃ]
albatroz (m)	albatros (m)	[alba'tros]
pinguim (m)	pinguin (m)	[pigu'in]

139. Peixes. Animais marinhos

brema (f)	plătică (f)	[plə'tikə]
carpa (f)	crap (m)	[krap]
perca (f)	biban (m)	[bi'ban]
siluro (m)	somn (m)	[somn]
lúcio (m)	ştiucă (f)	['ʃtjukə]
salmão (m)	somon (m)	[so'mon]
esturjão (m)	nisetru (m)	[ni'setru]
arenque (m)	scrumbie (f)	[skrum'bie]
salmão (m) do Atlântico	somon (m)	[so'mon]
cavala, sarda (f)	macrou (n)	[ma'krou]
solha (f), linguado (m)	cambulă (f)	[kam'bulə]
lúcio perca (m)	şalău (m)	[ʃa'ləu]
bacalhau (m)	batog (m)	[ba'tog]
atum (m)	ton (m)	[ton]
truta (f)	păstrăv (m)	[pəs'trəv]
enguia (f)	ţipar (m)	[tsi'par]
raia (f) elétrica	peşte-torpilă (m)	['peʃte tor'pilə]
moreia (f)	murenă (f)	[mu'renə]
piranha (f)	piranha (f)	[pi'ranija]
tubarão (m)	rechin (m)	[re'kin]
golfinho (m)	delfin (m)	[del'fin]
baleia (f)	balenă (f)	[ba'lenə]
caranguejo (m)	crab (m)	[krab]
água-viva (f)	meduză (f)	[me'duzə]
polvo (m)	caracatiţă (f)	[kara'katitsə]
estrela-do-mar (f)	stea de mare (f)	[stʲa de 'mare]
ouriço-do-mar (m)	arici de mare (m)	[a'ritʃi de 'mare]
cavalo-marinho (m)	căluţ (m) de mare (f)	[ka'luts de 'mare]
ostra (f)	stridie (f)	['stridie]
camarão (m)	crevetă (f)	[kre'vetə]
lagosta (f)	stacoj (m)	[sta'koʒ]
lagosta (f)	langustă (f)	[lan'gustə]

140. Anfíbios. Répteis

cobra (f)	şarpe (m)	['ʃarpe]
venenoso (adj)	veninos	[veni'nos]
víbora (f)	viperă (f)	['viperə]
naja (f)	cobră (f)	['kobrə]
píton (m)	piton (m)	[pi'ton]
jiboia (f)	şarpe (m) boa	['ʃarpe bo'a]
cobra-de-água (f)	şarpe (m) de casă	['ʃarpe de 'kasə]

| cascavel (f) | şarpe (m) cu clopoţei | ['ʃarpe ku klopo'tsej] |
| anaconda (f) | anacondă (f) | [ana'kondə] |

lagarto (m)	şopârlă (f)	[ʃo'pɨrlə]
iguana (f)	iguană (f)	[igu'anə]
varano (m)	şopârlă (f)	[ʃo'pɨrlə]
salamandra (f)	salamandră (f)	[sala'mandrə]
camaleão (m)	cameleon (m)	[kamele'on]
escorpião (m)	scorpion (m)	[skorpi'on]

tartaruga (f)	broască (f) ţestoasă	[bro'askə tsesto'asə]
rã (f)	broască (f)	[bro'askə]
sapo (m)	broască (f) râioasă	[bro'askə rijo'asə]
crocodilo (m)	crocodil (m)	[kroko'dil]

141. Insetos

inseto (m)	insectă (f)	[in'sektə]
borboleta (f)	fluture (m)	['fluture]
formiga (f)	furnică (f)	[fur'nikə]
mosca (f)	muscă (f)	['muskə]
mosquito (m)	ţânţar (m)	[tsin'tsar]
escaravelho (m)	gândac (m)	[gin'dak]

vespa (f)	viespe (f)	['vespe]
abelha (f)	albină (f)	[al'binə]
mamangaba (f)	bondar (m)	[bon'dar]
moscardo (m)	tăun (m)	[tə'un]

| aranha (f) | păianjen (m) | [pə'janʒen] |
| teia (f) de aranha | pânză (f) de păianjen | ['pinzə de pə'janʒen] |

libélula (f)	libelulă (f)	[libe'lulə]
gafanhoto (m)	greier (m)	['greer]
traça (f)	fluture (m)	['fluture]

barata (f)	gândac (m)	[gin'dak]
carrapato (m)	căpuşă (f)	[kə'puʃə]
pulga (f)	purice (m)	['puritʃe]
borrachudo (m)	musculiţă (f)	[musku'litsə]

gafanhoto (m)	lăcustă (f)	[lə'kustə]
caracol (m)	melc (m)	[melk]
grilo (m)	greier (m)	['greer]
pirilampo, vaga-lume (m)	licurici (m)	[liku'ritʃi]
joaninha (f)	buburuză (f)	[bubu'ruzə]
besouro (m)	cărăbuş (m)	[kərə'buʃ]

sanguessuga (f)	lipitoare (f)	[lipito'are]
lagarta (f)	omidă (f)	[o'midə]
minhoca (f)	vierme (m)	['verme]
larva (f)	larvă (f)	['larvə]

Flora

142. Árvores

árvore (f)	copac (m)	[ko'pak]
decídua (adj)	foios	[fo'jos]
conífera (adj)	conifer	[koni'fere]
perene (adj)	veşnic verde	['veʃnik 'verde]
macieira (f)	măr (m)	[mər]
pereira (f)	păr (m)	[pər]
cerejeira (f)	cireş (m)	[ʧi'reʃ]
ginjeira (f)	vişin (m)	['viʃin]
ameixeira (f)	prun (m)	[prun]
bétula (f)	mesteacăn (m)	[mes'tʲakən]
carvalho (m)	stejar (m)	[ste'ʒar]
tília (f)	tei (m)	[tej]
choupo-tremedor (m)	plop tremurător (m)	['plop tremurə'tor]
bordo (m)	arţar (m)	[ar'ʦar]
espruce (m)	brad (m)	[brad]
pinheiro (m)	pin (m)	[pin]
alerce, lariço (m)	zadă (f)	['zadə]
abeto (m)	brad (m) alb	['brad 'alb]
cedro (m)	cedru (m)	['ʧedru]
choupo, álamo (m)	plop (m)	[plop]
tramazeira (f)	sorb (m)	[sorb]
salgueiro (m)	salcie (f)	['salʧie]
amieiro (m)	arin (m)	[a'rin]
faia (f)	fag (m)	[fag]
ulmeiro, olmo (m)	ulm (m)	[ulm]
freixo (m)	frasin (m)	['frasin]
castanheiro (m)	castan (m)	[kas'tan]
magnólia (f)	magnolie (f)	[mag'nolie]
palmeira (f)	palmier (m)	[palmi'er]
cipreste (m)	chiparos (m)	[kipa'ros]
mangue (m)	manglier (m)	[mangli'jer]
embondeiro, baobá (m)	baobab (m)	[bao'bab]
eucalipto (m)	eucalipt (m)	[euka'lipt]
sequoia (f)	secvoia (m)	[sek'voja]

143. Arbustos

arbusto (m)	tufă (f)	['tufə]
arbusto (m), moita (f)	arbust (m)	[ar'bust]

| videira (f) | viţă (f) de vie | ['vitsə de 'vie] |
| vinhedo (m) | vie (f) | ['vie] |

framboeseira (f)	zmeură (f)	['zmeurə]
groselheira-vermelha (f)	coacăz (m) roşu	[ko'akəz 'roʃu]
groselheira (f) espinhosa	agriş (m)	[a'griʃ]

acácia (f)	salcâm (m)	[sal'kɨm]
bérberis (f)	lemn (m) galben	['lemn 'galben]
jasmim (m)	iasomie (f)	[jaso'mie]

junípero (m)	ienupăr (m)	[je'nupər]
roseira (f)	tufă (f) de trandafir	['tufə de tranda'fir]
roseira (f) brava	măceş (m)	[mə'tʃeʃ]

144. Frutos. Bagas

maçã (f)	măr (n)	[mər]
pera (f)	pară (f)	['parə]
ameixa (f)	prună (f)	['prunə]
morango (m)	căpşună (f)	[kəp'ʃunə]
ginja (f)	vişină (f)	['viʃinə]
cereja (f)	cireaşă (f)	[tʃi'rʲaʃə]
uva (f)	struguri (m pl)	['strugurʲ]

framboesa (f)	zmeură (f)	['zmeurə]
groselha (f) negra	coacăză (f) neagră	[ko'akəzə 'nʲagrə]
groselha (f) vermelha	coacăză (f) roşie	[ko'akəzə 'roʃie]
groselha (f) espinhosa	agrişă (f)	[a'griʃə]
oxicoco (m)	răchiţele (f pl)	[rəki'tsele]
laranja (f)	portocală (f)	[porto'kalə]
tangerina (f)	mandarină (f)	[manda'rinə]
abacaxi (m)	ananas (m)	[ana'nas]
banana (f)	banană (f)	[ba'nanə]
tâmara (f)	curmală (f)	[kur'malə]

limão (m)	lămâie (f)	[lə'mɨe]
damasco (m)	caisă (f)	[ka'isə]
pêssego (m)	piersică (f)	['pjersikə]
quiuí (m)	kiwi (n)	['kivi]
toranja (f)	grepfrut (n)	['grepfrut]

baga (f)	boabă (f)	[bo'abə]
bagas (f pl)	fructe (n pl) de pădure	['frukte de pə'dure]
arando (m) vermelho	merişor (m)	[meri'ʃor]
morango-silvestre (m)	frag (m)	[frag]
mirtilo (m)	afină (f)	[a'finə]

145. Flores. Plantas

| flor (f) | floare (f) | [flo'are] |
| buquê (m) de flores | buchet (n) | [bu'ket] |

rosa (f)	trandafir (m)	[tranda'fir]
tulipa (f)	lalea (f)	[la'l'a]
cravo (m)	garoafă (f)	[garo'afə]
gladíolo (m)	gladiolă (f)	[gladi'olə]
centáurea (f)	albăstrea (f)	[albəs'tr'a]
campainha (f)	clopoțel (m)	[klopo'ʦel]
dente-de-leão (m)	păpădie (f)	[pəpə'die]
camomila (f)	romaniță (f)	[roma'niʦə]
aloé (m)	aloe (f)	[a'loe]
cacto (m)	cactus (m)	['kaktus]
fícus (m)	ficus (m)	['fikus]
lírio (m)	crin (m)	[krin]
gerânio (m)	muşcată (f)	[muʃ'katə]
jacinto (m)	zambilă (f)	[zam'bilə]
mimosa (f)	mimoză (f)	[mi'mozə]
narciso (m)	narcisă (f)	[nar'ʧisə]
capuchinha (f)	condurul-doamnei (m)	[kon'durul do'amnej]
orquídea (f)	orhidee (f)	[orhi'dee]
peônia (f)	bujor (m)	[bu'ʒor]
violeta (f)	toporaş (m)	[topo'raʃ]
amor-perfeito (m)	pansele (f)	[pan'sele]
não-me-esqueças (m)	nu-mă-uita (f)	[nu mə uj'ta]
margarida (f)	margaretă (f)	[marga'retə]
papoula (f)	mac (m)	[mak]
cânhamo (m)	cânepă (f)	['kinepə]
hortelã, menta (f)	mentă (f)	['mentə]
lírio-do-vale (m)	lăcrămioară (f)	[ləkrəmjo'arə]
campânula-branca (f)	ghiocel (m)	[gio'ʧel]
urtiga (f)	urzică (f)	[ur'zikə]
azedinha (f)	măcriş (m)	[mə'kriʃ]
nenúfar (m)	nufăr (m)	['nufər]
samambaia (f)	ferigă (f)	['ferigə]
líquen (m)	lichen (m)	[li'ken]
estufa (f)	seră (f)	['serə]
gramado (m)	gazon (n)	[ga'zon]
canteiro (m) de flores	strat (n) de flori	[strat de 'flor']
planta (f)	plantă (f)	['plantə]
grama (f)	iarbă (f)	['jarbə]
folha (f) de grama	fir (n) de iarbă	[fir de 'jarbə]
folha (f)	frunză (f)	['frunzə]
pétala (f)	petală (f)	[pe'talə]
talo (m)	tulpină (f)	[tul'pinə]
tubérculo (m)	tubercul (m)	[tu'berkul]
broto, rebento (m)	mugur (m)	['mugur]

espinho (m)	ghimpe (m)	['gimpe]
florescer (vi)	a înflori	[a înflo'ri]
murchar (vi)	a se ofili	[a se ofe'li]
cheiro (m)	miros (n)	[mi'ros]
cortar (flores)	a tăia	[a tə'ja]
colher (uma flor)	a rupe	[a 'rupe]

146. Cereais, grãos

grão (m)	grăunțe (n pl)	[gre'untse]
cereais (plantas)	cereale (f pl)	[tʃere'ale]
espiga (f)	spic (n)	[spik]

trigo (m)	grâu (n)	['griu]
centeio (m)	secară (f)	[se'karə]
aveia (f)	ovăz (n)	[ovəz]
painço (m)	mei (m)	[mej]
cevada (f)	orz (n)	[orz]

milho (m)	porumb (m)	[po'rumb]
arroz (m)	orez (n)	[o'rez]
trigo-sarraceno (m)	hrișcă (f)	['hriʃkə]

ervilha (f)	mazăre (f)	['mazəre]
feijão (m) roxo	fasole (f)	[fa'sole]
soja (f)	soia (f)	['soja]
lentilha (f)	linte (n)	['linte]
feijão (m)	boabe (f pl)	[bo'abe]

PAÍSES. NACIONALIDADES

147. Europa Ocidental

| Europa (f) | Europa (f) | [eu'ropa] |
| União (f) Europeia | Uniunea (f) Europeană | [uni'un'a euro'p'anə] |

Áustria (f)	Austria (f)	[a'ustrija]
Grã-Bretanha (f)	Marea Britanie (f)	['mar'a bri'tanie]
Inglaterra (f)	Anglia (f)	['anglija]
Bélgica (f)	Belgia (f)	['beldʒia]
Alemanha (f)	Germania (f)	[dʒer'manija]

Países Baixos (m pl)	Ţările de Jos (f pl)	['tsərile de ʒos]
Holanda (f)	Olanda (f)	[o'landa]
Grécia (f)	Grecia (f)	['gretʃia]
Dinamarca (f)	Danemarca (f)	[dane'marka]
Irlanda (f)	Irlanda (f)	[ir'landa]
Islândia (f)	Islanda (f)	[is'landa]

Espanha (f)	Spania (f)	['spania]
Itália (f)	Italia (f)	[i'talia]
Chipre (m)	Cipru (n)	['tʃipru]
Malta (f)	Malta (f)	['malta]

Noruega (f)	Norvegia (f)	[nor'vedʒia]
Portugal (m)	Portugalia (f)	[portu'galia]
Finlândia (f)	Finlanda (f)	[fin'landa]
França (f)	Franţa (f)	['frantsa]

Suécia (f)	Suedia (f)	[su'edia]
Suíça (f)	Elveţia (f)	[el'vetsia]
Escócia (f)	Scoţia (f)	['skotsia]

Vaticano (m)	Vatican (m)	[vati'kan]
Liechtenstein (m)	Liechtenstein (m)	[lihten'ʃtajn]
Luxemburgo (m)	Luxemburg (m)	[luksem'burg]
Mônaco (m)	Monaco (m)	[mo'nako]

148. Europa Central e de Leste

Albânia (f)	Albania (f)	[al'banija]
Bulgária (f)	Bulgaria (f)	[bul'garia]
Hungria (f)	Ungaria (f)	[un'garia]
Letônia (f)	Letonia (f)	[le'tonia]

| Lituânia (f) | Lituania (f) | [litu'ania] |
| Polônia (f) | Polonia (f) | [po'lonia] |

Romênia (f)	România (f)	[rominia]
Sérvia (f)	Serbia (f)	['serbija]
Eslováquia (f)	Slovacia (f)	[slo'vatʃia]

Croácia (f)	Croaţia (f)	[kro'atsia]
República (f) Checa	Cehia (f)	['tʃehija]
Estônia (f)	Estonia (f)	[es'tonia]

Bósnia e Herzegovina (f)	Bosnia şi Herţegovina (f)	['bosnia ʃi hertsego'vina]
Macedônia (f)	Macedonia (f)	[matʃe'donia]
Eslovênia (f)	Slovenia (f)	[slo'venia]
Montenegro (m)	Muntenegru (m)	[munte'negru]

149. Países da ex-URSS

Azerbaijão (m)	Azerbaidjan (m)	[azerbaj'dʒan]
Armênia (f)	Armenia (f)	[ar'menia]

Belarus	Belarus (f)	[bela'rus]
Geórgia (f)	Georgia (f)	['dʒordʒia]
Cazaquistão (m)	Kazahstan (n)	[kazah'stan]
Quirguistão (m)	Kîrgîzstan (m)	[kirgiz'stan]
Moldávia (f)	Moldova (f)	[mol'dova]

Rússia (f)	Rusia (f)	['rusia]
Ucrânia (f)	Ucraina (f)	[ukra'ina]

Tajiquistão (m)	Tadjikistan (m)	[tadʒiki'stan]
Turquemenistão (m)	Turkmenistan (n)	[turkmeni'stan]
Uzbequistão (f)	Uzbekistan (n)	[uzbeki'stan]

150. Asia

Ásia (f)	Asia (f)	['asia]
Vietnã (m)	Vietnam (n)	[viet'nam]
Índia (f)	India (f)	['india]
Israel (m)	Israel (n)	[isra'el]

China (f)	China (f)	['kina]
Líbano (m)	Liban (n)	[li'ban]
Mongólia (f)	Mongolia (f)	[mon'golia]

Malásia (f)	Malaezia (f)	[mala'ezia]
Paquistão (m)	Pakistan (n)	[paki'stan]

Arábia (f) Saudita	Arabia (f) Saudită	[a'rabia sau'ditə]
Tailândia (f)	Thailanda (f)	[taj'landa]
Taiwan (m)	Taiwan (m)	[taj'van]
Turquia (f)	Turcia (f)	['turtʃia]
Japão (m)	Japonia (f)	[ʒa'ponia]
Afeganistão (m)	Afganistan (n)	[afganis'tan]
Bangladesh (m)	Bangladeş (m)	[bangla'deʃ]

Indonésia (f)	Indonezia (f)	[indo'nezia]
Jordânia (f)	Iordania (f)	[jor'dania]
Iraque (m)	Irak (n)	[i'rak]
Irã (m)	Iran (n)	[i'ran]
Camboja (f)	Cambodgia (f)	[kam'bodʒia]
Kuwait (m)	Kuweit (n)	[kuve'it]
Laos (m)	Laos (n)	['laos]
Birmânia (f)	Myanmar (m)	[mjan'mar]
Nepal (m)	Nepal (n)	[ne'pal]
Emirados Árabes Unidos	Emiratele (n pl) Arabe Unite	[emi'ratele a'rabe u'nite]
Síria (f)	Siria (f)	['sirija]
Palestina (f)	Palestina (f)	[pales'tina]
Coreia (f) do Sul	Coreea (f) de Sud	[ko'rea de 'sud]
Coreia (f) do Norte	Coreea (f) de Nord	[ko'rea de 'nord]

151. América do Norte

Estados Unidos da América	Statele (n pl) Unite ale Americii	['statele u'nite 'ale a'meritʃij]
Canadá (m)	Canada (f)	[ka'nada]
México (m)	Mexic (n)	['meksik]

152. América Central do Sul

Argentina (f)	Argentina (f)	[arʒen'tina]
Brasil (m)	Brazilia (f)	[bra'zilia]
Colômbia (f)	Columbia (f)	[ko'lumbia]
Cuba (f)	Cuba (f)	['kuba]
Chile (m)	Chile (n)	['tʃile]
Bolívia (f)	Bolivia (f)	[bo'livia]
Venezuela (f)	Venezuela (f)	[venezu'ela]
Paraguai (m)	Paraguay (n)	[paragu'aj]
Peru (m)	Peru (n)	['peru]
Suriname (m)	Surinam (n)	[suri'nam]
Uruguai (m)	Uruguay (n)	[urugu'aj]
Equador (m)	Ecuador (m)	[ekua'dor]
Bahamas (f pl)	Insulele (f pl) Bahamas	['insulele ba'hamas]
Haiti (m)	Haiti (n)	[ha'iti]
República Dominicana	Republica (f) Dominicană	[re'publika domini'kanə]
Panamá (m)	Panama (f)	[pana'ma]
Jamaica (f)	Jamaica (f)	[ʒa'majka]

153. Africa

Egito (m)	Egipt (n)	[e'dʒipt]
Marrocos	Maroc (n)	[ma'rok]
Tunísia (f)	Tunisia (f)	[tu'nisia]

Gana (f)	Ghana (f)	['gana]
Zanzibar (m)	Zanzibar (n)	[zanzi'bar]
Quênia (f)	Kenia (f)	['kenia]
Líbia (f)	Libia (f)	['libia]
Madagascar (m)	Madagascar (n)	[madagas'kar]

Namíbia (f)	Namibia (f)	[na'mibia]
Senegal (m)	Senegal (n)	[sene'gal]
Tanzânia (f)	Tanzania (f)	[tan'zania]
África (f) do Sul	Africa de Sud (f)	['afrika de sud]

154. Austrália. Oceania

| Austrália (f) | Australia (f) | [au'stralia] |
| Nova Zelândia (f) | Noua Zeelandă (f) | ['nowa zee'landə] |

| Tasmânia (f) | Tasmania (f) | [tas'mania] |
| Polinésia (f) Francesa | Polinezia (f) | [poli'nezia] |

155. Cidades

Amesterdã, Amsterdã	Amsterdam (n)	['amsterdam]
Ancara	Ankara (f)	[an'kara]
Atenas	Atena (f)	[a'tena]
Bagdade	Bagdad (n)	[bag'dad]
Bancoque	Bangkok (m)	[ba'nkok]

Barcelona	Barcelona (f)	[barse'lona]
Beirute	Beirut (n)	[bej'rut]
Berlim	Berlin (n)	[ber'lin]
Bonn	Bonn (n)	[bon]
Bordéus	Bordeaux (n)	[bor'do]

Bratislava	Bratislava (f)	[bratislava]
Bruxelas	Bruxelles (n)	[bruk'sel]
Bucareste	Bucure ti (n)	[buku'reʃtⁱ]
Budapeste	Budapesta (f)	[buda'pesta]
Cairo	Cairo (n)	[ka'iro]

Calcutá	Calcutta (f)	[kal'kuta]
Chicago	Chicago (n)	[ʧi'kago]
Cidade do México	Mexico City (n)	['meksiko 'siti]
Copenhague	Copenhaga (f)	[kopen'haga]
Dar es Salaam	Dar es Salaam (n)	[dar es sala'am]
Deli	Delhi, New Delhi (m)	['deli], [nju 'deli]

Dubai	**Dubai** (n)	[du'baj]
Dublim	**Dublin** (n)	[dub'lin]
Düsseldorf	**Düsseldorf** (m)	[djusel'dorf]
Estocolmo	**Stockholm** (m)	['stokholm]
Florença	**Florenţa** (f)	[flo'renfsa]
Frankfurt	**Frankfurt** (m)	['frankfurt]
Genebra	**Geneva** (f)	[dʒe'neva]
Haia	**Haga** (f)	['haga]
Hamburgo	**Hamburg** (n)	['hamburg]
Hanói	**Hanoi** (n)	[ha'noj]
Havana	**Havana** (f)	[ha'vana]
Helsinque	**Helsinki** (n)	['helsinki]
Hiroshima	**Hiroşima** (f)	[hiro'ʃima]
Hong Kong	**Hong-Kong** (n)	['hong 'kong]
Istambul	**Istanbul** (n)	[istan'bul]
Jerusalém	**Ierusalim** (n)	[jerusa'lim]
Kiev, Quieve	**Kiev** (n)	[ki'ev]
Kuala Lumpur	**Kuala Lumpur** (m)	[ku'ala lum'pur]
Lion	**Lyon** (m)	[li'on]
Lisboa	**Lisabona** (f)	[lisa'bona]
Londres	**Londra** (f)	['londra]
Los Angeles	**Los Angeles** (n)	['los 'andʒeles]
Madrid	**Madrid** (n)	[ma'drid]
Marselha	**Marsilia** (f)	[mar'silia]
Miami	**Miami** (n)	[ma'jami]
Montreal	**Montreal** (m)	[monre'al]
Moscou	**Moscova** (f)	['moskova]
Mumbai	**Bombay** (n)	[bom'bej]
Munique	**Munchen** (m)	['mʲunhen]
Nairóbi	**Nairobi** (n)	[naj'robi]
Nápoles	**Napoli** (m)	['napoli]
Nice	**Nisa** (f)	['nisa]
Nova York	**New York** (n)	[nju 'jork]
Oslo	**Oslo** (n)	['oslo]
Ottawa	**Ottawa** (f)	[ot'tava]
Paris	**Paris** (n)	[pa'ris]
Pequim	**Beijing** (n)	[bej'ʒing]
Praga	**Praga** (f)	['praga]
Rio de Janeiro	**Rio de Janeiro** (n)	['rio de ʒa'nejro]
Roma	**Roma** (f)	['roma]
São Petersburgo	**Sankt Petersburg** (n)	['sankt peters'burg]
Seul	**Seul** (n)	[se'ul]
Singapura	**Singapore** (n)	[singa'pore]
Sydney	**Sydney** (m)	['sidnej]
Taipé	**Taipei** (m)	[taj'pej]
Tóquio	**Tokio** (n)	['tokio]
Toronto	**Toronto** (n)	[to'ronto]
Varsóvia	**Varşovia** (f)	[var'ʃovia]

Veneza	Veneţia (f)	[ve'netsia]
Viena	Viena (f)	[vi'ena]
Washington	Washington (n)	['waʃington]
Xangai	Shanghai (m)	[ʃan'haj]